OBERT 1982

LA FILLE

DES

PYRÉNÉES

Roman Historique,

PAR

ÉLIE BERTHET.

3

PARIS
PASSARD, LIBRAIRE-ÉDITEUR,
7, RUE DES GRANDS-AUGUSTINS.

1851

LA FILLE DES PYRÉNÉES.

POUR PARAITRE PROCHAINEMENT.

L'ESPION
DU
GRAND MONDE

PAR

M. DE SAINT-GEORGES.

Impr. de E. Dépée, à Sceaux (Seine).

LA FILLE
DES
PYRÉNÉES

Roman Historique,

PAR

ÉLIE BERTHET.

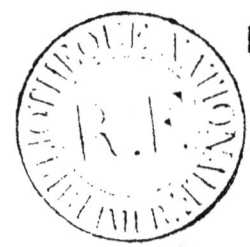

3

PARIS
PASSARD, LIBRAIRE-ÉDITEUR,
7, RUE DES GRANDS-AUGUSTINS.

1851

I

Souvenirs.

(Suite).

L'abbé Norbert désigna à son neveu, par un geste presque imperceptible, une fenêtre encadrée de vigne et de clématite, à quelques pieds au-dessus de la tête de Marie ; puis prenant la main de la jeune fille, un peu étonnée des manières solennelles de l'oncle et du neveu, il dit d'un ton affectueux :

— Le moment est venu, mon enfant, de songer sérieusement à votre avenir. Quoique vous soyez enfin rentrée dans la société, vous êtes encore au milieu d'elle comme une douloureuse exception. Il faut maintenant que vous mettiez vous-même vos protecteurs en état d'achever leur tâche. Ecoutez-moi donc avec attention, je vous prie, car involontairement j'éveillerai en vous des idées obscures... Surtout s'il est resté au fond de votre mémoire quelque souvenir précis, n'hésitez pas à nous le confier, dût-il raviver d'anciennes et poignantes blessures.

— Mon père, murmura Marie timidement, je ne voudrais pas offenser Dieu par un mensonge.

— Je ne doute pas de votre franchise, répliqua le prêtre avec empressement, je voulais seulement vous engager.., mais je dois m'attendre à n'être pas compris de vous plus d'une fois encore. Je m'efforcerai donc d'être clair ; et d'abord, ma fille, avez-vous déjà porté un jugement sur cette société où vous êtes appelée à prendre rang désormais ?

— Il m'a semblé que tout le monde était bon... on me l'a bien prouvé, à moi pauvre sauvage si indocile d'abord et si grossière !

— Malheureusement, ma fille, il n'en est pas tout-à-fait ainsi... Mais si vous avez cette opinion de l'humanité, pourquoi autrefois fuyiez-vous vos semblables avec tant d'opiniâtreté ?

— J'avais peur... Je voyais partout des ennemis.

— Et ne vous rappelez-vous pas, reprit le curé en jetant un regard rapide vers la fenêtre, où apparaissait dans l'ombre une forme indistincte, quelque fait de nature à justifier cette aversion pour votre espèce ?

— Si... non, balbutia la jeune fille troublée ; je veux tout vous dire, mon père, et à Valentin aussi; mais je n'ose pas vous raconter des songes...

— Dites toujours, ma fille; ce qui vous semble un songe est peut-être un souvenir d'enfance mal effacé.

Marie posa la main sur son front comme pour aider l'effort de sa mémoire.

— Non, non, dit-elle enfin, c'est une erreur de mon imagination, et sœur Ursule me gronderait... D'ailleurs, quand je pense à cela, j'éprouve un malaise, une douleur... ma tête bourdonne... alors je deviens méchante et je voudrais m'enfuir.

En effet, un tremblement nerveux commençait à agiter ses membres. Le curé sentit qu'il s'était trop pressé ; il essaya d'arriver à ses fins par une voie plus détournée.

— Ma fille, reprit-il, comme je vous le disais, la société n'est pas composée en majeure partie d'être bons, généreux, unis par un lien de fraternité universelle. Les hommes pervers sont le plus grand nombre, et un individu isolé, au milieu de ce chaos de passions égoïstes, d'intérêts ennemis, serait brisé à chaque pas. Pour le défendre contre tant d'attaques, Dieu a voulu qu'il trouvât naturellement protection auprès de quelques autres personnes qui sont pour lui tout abnégation, tout dévoûment, tout amour. Ces personnes amies, qui entourent chaque individu et le soutiennent dès sa naissance, composent ce que l'on appelle une famille... Vous, pauvre Marie, avez-vous une famille?

Le prêtre s'arrêta pour laisser à la jeune fille le temps de sentir la portée de ses paroles. Elle réfléchit, puis elle demanda avec sa naïveté charmante :

— Excusez mon inexpérience, mon père, et pardonnez-moi si je dis mal; mais manque-t-il autour de moi de personnes qui m'aiment et me protégent? Qu'êtes-vous donc tous, sinon une famille pour moi?

L'abbé Norbert sourit avec mélancolie.

— Vous vous méprenez, ma chère Marie, vous confondez la charité chrétienne, l'affection de vos amis avec les sentiments de la nature... Marie, bonne et malheureuse enfant, je vous en supplie au nom de ce que vous avez de plus cher, remontez aussi haut que vous le pourrez le cours de vos souvenirs... Dans une belle âme comme la vôtre, les premières affections ont dû laisser des traces profondes en dépit des évènements ; vous ne pouvez avoir oublié ceux qui ont prodigué leurs soins à votre enfance !... Ecoutez bien : une mère, c'est une femme timide, tendre, attentive, qui vous a porté dans son sein ; elle a calmé vos premiers pleurs et soutenu vos premiers pas ; elle vous a comblée de ses caresses avant même que vous pussiez les lui rendre... Un père, c'est un homme énergique, dominateur, qui s'est fait petit, docile, humble pour vous plaire ; il a effacé les soucis amassés sur son front pour vous sourire. Vous étiez habituée à le considérer comme une Providence visible, toujours prête à vous défendre, à qui rien n'était impossible... Dites, Marie, n'avez-vous aucune idée d'avoir vu ces deux anges près de votre berceau, l'un ange de force et de salut, l'autre, ange de douceur et d'amour ?

Marie était haletante.

— Attendez, attendez, murmura-t-elle en se cachant les yeux.

Après un moment de silence, elle reprit, sans changer de posture, d'un air égaré :

— Oui, oui, la voici, je la retrouve, je la reconnais... J'étais dans une vaste pièce, garnie de riches tentures, avec des fenêtres arrondies à leur extrémité supérieure... Elle est assise à mon côté; son visage est riant, ses yeux caressent; elle est plus belle que la madone du grand tableau qui décore l'église... elle me prend sur ses genoux, sa main joue avec une boucle de mes cheveux, et elle chante tout bas, tout bas pour m'endormir...

Mais je rêve encore, mon Dieu ! je rêve, interrompit la jeune fille en se levant brusquement, ne me croyez pas... ce n'était pas ma mère !

Et elle fondit en larmes.

— Vous ne rêvez pas, mon enfant, dit le prêtre avec chaleur, continuez, je vous en supplie... n'avez-vous pas quelque souvenir de votre père ?

— Non, non, ne m'interrogez plus !

— Ecoutez encore... J'ai vu souvent autrefois dans ces montagnes un homme de haute taille, aux manières imposantes, au costume pittoresque, conduisant par la main une toute petite fille. Quand ils rencontraient une de ces croix si fréquentes dans les Pyrénées, ils s'arrêtaient, et, tous deux agenouillés, ils priaient.

— Oui... c'est vrai! soupira celle qu'on appelait Marie.

— Une fois, continua le prêtre, ils étaient venus en se promenant jusqu'à la Croix-du-Pasteur, dans un vallon désert, à quelque distance de Gonac. Ils trouvèrent, assise sur le piédestal de la croix, une pauvre voyageuse, jeune encore, mais couverte de haillons et les pieds ensanglantés; une petite fille en bas-âge, demi-nue, était attachée sur ses épaules à la manière des bohémiennes... Le père, ému de pitié, offrit une aumône à la voyageuse et lui proposa de venir se reposer chez lui; elle refusa l'aumône et repoussa la proposition avec mépris. La petite Antonia, à son tour, offrit son déjeûner à l'enfant de l'étrangère et s'avança pour l'embrasser...

— Mais elle me mordit la joue et je me jetai toute en pleurs dans les bras de mon père ! s'écria la jeune fille palpitante.

A cette révélation si positive, Valentin ne put retenir un cri de triomphe.

— Encore un peu de patience, je t'en conjure, reprit le vieux prêtre.

— Eh ! qu'est-il besoin de questionner davantage ? Jamais elle n'a parlé d'une manière aussi précise... mon oncle, ne vous a-t-elle pas dépeint exactement le salon aux fenêtres cintrées de la Maison-Romaine? Pouvez-vous vous méprendre au portrait qu'elle vous a tracé de sa sainte mère, à l'aventure si peu connue de la fille de la bohémienne?

— Ma conviction est complète, cette fois, je l'avoue, dit le prêtre; mais tu oublies, continua-t-il en levant les yeux vers le pavillon, que je ne suis pas le seul à convaincre!

Cependant la jeune fille semblait fatiguée de cet interrogatoire. Semblable aux personnes plongées dans un sommeil magnétique, elle ne trouvait la force de répondre à certaines questions qu'au prix d'atroces souffrances.

— Ma fille, reprit l'abbé Norbert d'un air de pitié, pardonnez-moi d'être cruel à ce point; mais je vais réclamer de vous un nouvel effort pour éclairer la lacune la plus mystérieuse et peut-être la plus lugubre de votre passé... Savez-vous comment s'est terminée cette heureuse période de votre vie où vous alliez avec votre père vous promener à la Croix-du-Pasteur?

— Je... je l'ignore.

— Cherchez bien, reprit le prêtre avec insistance, je vais vous aider... Une nuit, ne fûtes-vous pas éveillée dans votre petit lit de gaze blanche par des cris effrayants?

— Oh! quels cris, quels cris! murmura la jeune fille avec terreur.

L'abbé Norbert continua impitoyablement :

— Effrayée, vous courûtes au salon, d'où partait le bruit...

— J'aperçus quelque chose qui s'agitait tout sanglant sur le tapis. Je restai immobile près de la porte; je voulus appeler, je ne pus pas... *Il* avait saisi ma mère par les cheveux et *il* la frappait de sa hache. Le sang rejaillit jusque sur moi, je tombai; quoique je ne pusse me relever, j'entendais, je voyais... *il* entra dans la chambre voisine où étaient mes frères ; des gémissements, des plaintes en sortirent ; puis, plus rien... *il* revint au salon et regarda en souriant autour de lui. Je ne sais comment je fis, mais je me relevai ; alors *il* m'aperçut et ses yeux devinrent comme du feu...

— Mais de qui me parlez-vous, mon enfant ?

— De l'Homme noir ?

— Qui était l'Homme noir ?

— Je puis le dire maintenant... C'était le démon... Quand la sœur Ursule m'a parlé de l'enfer et de l'esprit malin, je l'ai reconnu.

— Mon Dieu! dit le curé avec tristesse en regardant Valentin, je croyais être enfin sur la trace de la vérité, et sa raison s'égare encore!

— Non, non, mon oncle, répondit le jeune homme avec véhémence; j'ai déclaré dans mon interrogatoire que l'un des scélérats que j'avais vus le soir traverser la cour de la Maison-Romaine avait le visage noirci... je l'avais pris pour un charbonnier. C'est ce monstre sans doute qui a commis le crime!

— Tu as raison, je n'avais pas songé à cela. Mais poursuivons.

Il se retourna vers Antonia, car nous pouvons désormais donner ce nom à la pensionnaire de Sainte-Marie. Il semblait pourtant impossible de pousser plus loin cette terrible épreuve. Tout le corps de la jeune fille frissonnait; ses yeux se torturaient dans leurs orbites; ses lèvres blanches, serrées l'une contre l'autre, se couvraient d'une légère écume. L'abbé Norbert se raidit contre sa propre émotion.

— Un peu de courage, ma fille, reprit-il, c'est dans votre intérêt seul que je vous tourmente ainsi... Et dites-moi, pauvre enfant, ce misérable assassin que vous appelez l'*homme noir*, le reconnaîtriez-vous aujourd'hui ? Pourriez-vous me le dépeindre ?

— Non, non, ce n'était pas un homme ! il n'avait rien de la créature humaine... c'était le démon !

— Allons, nous n'obtiendrons rien d'elle à ce sujet, dit le vieillard en soupirant. Eh bien, ma fille, comment échappâtes-vous à ce misérable assassin ?

— Quand il me vit dans l'ombre de la chambre, il poussa une espèce de rugissement et s'élança vers moi... Je voulus fuir... Dans ma précipitation, je me heurtai le front avec violence contre l'angle de la porte... Je me fis une blessure dont vous pouvez voir encore la marque.

Et elle désignait la cicatrice qui surmontait son œil gauche.

— Ce coup vous étourdit sans doute et vous força de vous arrêter?

— Au contraire, je me sentis prise comme de frénésie : la tête me tournait... Je me mis à fuir avec une ardeur nouvelle; mes pieds nus ne faisaient aucun bruit; je descendis l'escalier d'un bond... *Il* me poursuivit. Je passai au milieu de plusieurs personnes immobiles et silencieuses au bas de l'escalier, et je me trouvai dans la cour... *Il* me poursuivait toujours. Je traversai la cour, je franchis la grille, qui était ouverte, et j'atteignis la campagne. Son pas pressait toujours le mien, j'entendais toujours le bruit de son haleine... Je fuyais, je fuyais; mes pieds étaient meurtris par les cailloux du chemin; les ronces me déchiraient le visage; le sang m'aveuglait... Il me serrait toujours de plus près, il me gagnait de vitesse...

— Il ne m'atteindra pas! continua la jeune fille en se levant impétueusement, laissez-moi passer, je ne veux pas qu'il me touche... il ne m'atteindra pas!... Je sais gravir les rochers, grimper aux arbres, plonger dans les torrents...

il ne m'atteindra pas !... Le voici !... laissez-moi !

Et elle se débattait avec une vigueur extraordinaire entre les bras de Valentin et de l'abbé Norbert, qui cherchaient à la contenir.

Ce n'était plus la douce et pieuse enfant de tout à l'heure ; la sauvage s'était réveillée avec ses instincts désordonnés, sous l'influence de ces effroyables souvenirs. Ses cheveux épars retombaient sur ses épaules ; son visage était crispé. Le délire centuplait ses forces, et elle échappa aux mains des deux hommes qui s'efforçaient de maîtriser ses mouvements. Elle courut vers le parapet de la terrasse ;

elle allait le franchir et se précipiter dans la rivière... Valentin, épouvanté, s'écria avec un accent déchirant :

— Antonia ! malheureuse Antonia !

Cette voix, toujours si puissante, calma subitement l'exaltation de l'infortunée jeune fille. Elle s'arrêta au moment de s'élancer, se retourna, adressa un sourire à Valentin, et s'affaissant doucement, elle tomba évanouie sur le sable.

II

Réparation.

Aux cris de Valentin et de l'abbé Norbert, des religieuses parmi lesquelles se trouvaient la supérieure du couvent et l'inévitable Ursule, étaient accourues de toutes les parties du jardin. La supérieure ordonna de transporter dans sa chambre la jeune fille évanouie et d'aller chercher le médecin du couvent. Valentin, fou de douleur, voulut prendre Antonia dans ses bras ; mais Ursule le repoussa avec autorité en déclarant qu'il n'était pas décent qu'un homme portât les mains sur une pensionnaire de Sainte-Marie, que d'ailleurs il ne pouvait pénétrer dans l'enceinte du cloître sans encourir les peines de l'excommunication.

L'ingénieur s'indignait de ces scrupules misérables dans un pareil moment ; mais la supérieure s'empressa de soutenir de son autorité sa conseillère favorite.

— Sœur Ursule est toujours un modèle de convenance et de modestie, dit-elle ; une personne étrangère à la communauté

ne peut accompagner cette chère petite...
Mais, ajouta-t-elle d'un ton gracieux,
comme correctif à cette rigueur, si monsieur le curé veut attendre ici quelques
instants, je m'empresserai de lui envoyer
des nouvelles, dès que la malade sera revenue à elle et que le médecin lui aura
donné les premiers secours.

— Nous attendrons, madame, répondit
le curé : mais par pitié, hâtez-vous !

Deux sœurs converses emportèrent la
jeune fille.

— Madame, dit Valentin à la supérieure
au moment où le triste cortége s'éloignait,
vous êtes bonne, vous, je vous la confie ;

oh! veillez, veillez bien sur la pauvre Antonia !

— Antonia! répéta la religieuse avec étonnement.

— Antonia! reprit sœur Ursule en avançant sa figure curieuse et maligne; cette singulière histoire dont on parlait autrefois serait-elle véritable? Est-ce que notre pensionnaire s'appellerait en effet...

— Elle s'appelle Marie, dit le curé avec autorité, et elle portera ce nom... jusqu'à ce que Dieu en ait décidé autrement.

L'oncle et le neveu étaient restés seuls sur la terrasse, trop émus pour pouvoir échanger leurs idées sur cette scène extraordinaire. Partagés entre la joie d'avoir retrouvé Antonia et la douleur de la voir dans un état si affligeant, ils n'étaient pas encore revenus de leur trouble, quand Montès de Villaréal sortit du pavillon.

— Eh bien, monsieur? demanda l'abbé Norbert.

— J'ai tout entendu.

— Et vous ne doutez plus, n'est-ce pas? s'écria Valentin.

— J'avoue que je suis fortement ébranlé, mais je ne sais encore à quoi m'arrêter; je me perds au milieu d'obscurités et de contradictions sans fin; j'aurais besoin d'un peu de temps pour coordonner ces idées confuses.

— Quoi! monsieur, n'êtes-vous pas touché des souffrances de votre nièce? Refuserez-vous encore de vous rendre à l'évidence?

— J'ai été vivement ému, monsieur Norbert, répliqua Montès avec un accent pénétré, et plus d'une fois, pendant cette douloureuse épreuve, j'ai senti les larmes me venir aux yeux... Cependant, remarquez-le bien, ce qui est l'évidence pour vous et pour votre respectable oncle, peut ne pas l'être pour moi. Vos anciens rapports avec mon frère vous permettent de reconnaître une foule de concordances et de probabilités qui n'existent pas pour moi, resté si longtemps étranger à ma famille.

— Cela doit être en effet, monsieur de Villaréal, dit le curé ; mais si vous faites cas de la parole d'un homme à qui son caractère sacré de prêtre défend de la donner légèrement, croyez-moi, quand je vous affirme devant Dieu que la fille du Montcalm est bien votre nièce Antonia.

— Il suffit, monsieur, j'examinerai, je réfléchirai... Bien des incertitudes subsistent encore dans mon esprit, notamment en ce qui touche la fille adoptive de la Saltarella.

— Capitaine Montès, dit Valentin, vous êtes certainement la dupe de quelque jonglerie de la part de ces femmes. La bohémienne, menacée d'être poursuivie pour le crime de la Maison - Romaine, aura voulu se faire de vous un appui en vous contant une fable spécieuse. Quant à la fille...

— Vous avez pu juger par vous-même que celle-là n'était pas d'humeur à se prêter à une supercherie ?

— Et c'est précisément cette humeur farouche qui me donne la certitude d'une erreur. Rien n'aurait pu transformer à ce point l'âme tendre, timide, aimante de cette Antonia que nous avons connue !

— Peut-être avez-vous raison, répliqua le capitaine d'un air de réflexion ; j'examinerai donc de plus près les prétentions de cette fantasque créature. Il en sera de même pour votre protégée ; je l'interrogerai moi-même, et cette fois en présence de l'autorité compétente.

— Quoi! monsieur de Villaréal, notre affirmation et la vôtre ne suffiraient-elles pas pour établir complètement ses droits ? Ne pourrait-on lui épargner une nouvelle et pénible épreuve ?

— J'en doute, monsieur le curé ; il s'agit d'un grand nom, d'une grande fortune, et nécessairement l'autorité devra être informée... Cependant nous attendrons que cette pauvre enfant ait repris un peu de force et de santé.

En ce moment sœur Ursule reparut à l'extrémité du jardin et s'avança d'un pas grave, la tête inclinée, les mains cachées dans ses larges manches. Valentin courut au-devant d'elle.

— Eh bien! ma sœur, la pensionnaire...

— Que les anges du paradis soient bénis! répliqua la béate en roulant des yeux tout blancs ; elle est mieux, elle a repris connaissance.

Valentin, malgré l'extérieur peu attrayant de la nonne, eut toutes les peines du monde à ne pas lui sauter au cou pour l'embrasser.

— Et que pense le médecin de son état? demanda le curé.

— Le médecin a hoché la tête... Mais il affirme qu'il n'y a aucun danger pour le moment.

— Pour le moment! que voulez-vous dire, ma sœur? Y aurait-il danger pour l'avenir?

— Quoi! monsieur le curé, ignorez-vous que la santé de notre élève est très altérée... Puisse notre sainte patronne la préserver de tout mal! mais on croit la poitrine attaquée.

Le curé et Valentin restèrent consternés.

— Serait-il possible? demanda Villaréal; est-on sûr...

— Trop sûr, Monsieur; cependant on espère encore qu'avec des soins, des ménagements on finira par la guérir... et les soins ne lui manqueront pas.

— Que le ciel vous exauce, ma sœur! soupira Valentin.

— Seulement, continua la religieuse, le docteur a bien recommandé d'éloigner de cette chère petite toute émotion forte... une scène pareille à celle d'aujourd'hui la tuerait ou la rendrait folle inévitablement!

— Vous l'entendez, capitaine?

— Cette assertion ne saurait être aussi absolue que le prétend cette sainte fille, dit le curé.

— Le médecin s'est expliqué nettement en ma présence, reprit sœur Ursule ; la mort ou la folie, voilà ce qui attend Marie si on la tourmente encore.

Il y eut un moment de silence.

— Mon oncle, dit Valentin avec âme, il vaudrait mieux qu'elle renonçât au nom et au rang auxquels elle a droit que de les obtenir au risque de sa raison ou de sa vie... Personne et surtout M. de Villaréal n'oserait demander ce sacrifice !

Le nom de Villaréal réveilla un souvenir de sœur Ursule.

— Monsieur, dit-elle à Montès, excusez-moi de n'avoir pas rempli plus tôt une commission dont j'étais chargée pour vous... Pendant plus d'une heure on vous a attendu au parloir.

— Qui donc, ma sœur?

— Une personne qui avait, disait-elle, des choses très importantes et très pressées à vous apprendre... Mais au milieu du trouble causé par l'indisposition de notre bien-aimée pensionnaire, on l'a tout-à-fait oubliée et peut-être est-elle déjà partie... Mais, Dieu me pardonne, ajouta-t-elle en se retournant, je me trompe, car la voici elle-même...

Un homme en effet se dirigeait avec hésitation vers la terrasse.

— C'est l'aubergiste des Deux-Couronnes ! s'écria Montès ; il vient sans doute me conter quelque frasque de sa prisonnière !

— Et un aubergiste a osé pénétrer sans permission dans l'enceinte du couvent ? dit la religieuse avec colère ; quelle honte, quel scandale pour cette maison !... Mais il n'est pas étonnant que le premier venu ose enfreindre la règle, quand on la laisse enfreindre si aisément par d'autres...

— Ma sœur, murmura le curé en souriant, d'après votre propre aveu, ce brave homme attendait depuis plus d'une heure!

Ursule ne jugea pas à propos de répondre directement à cette observation ; elle jeta encore un regard irrité à l'intrus, puis elle se retira en annonçant qu'elle allait faire son rapport à la supérieure.

Cependant Montès s'était approché précipitamment de l'aubergiste.

— Qu'y a-t-il donc? demanda-t-il ; pour quel motif avez-vous quitté l'enfant dont je vous avais confié la surveillance?

— Ma foi! Monsieur, répondit le nouveau venu avec embarras, c'est que ma surveillance n'était plus nécessaire.

— Que voulez-vous dire?

— Eh bien! Monsieur, je ne vous ferai pas languir... elle est partie!

— Partie! répéta Montès en tressaillant, ce n'est pas de Zerbine... de ma jeune compagne, que vous parlez?

— De qui donc parlerais-je? ce n'est pas une fille, Monsieur, c'est un diable en jupons!

— Elle s'est enfuie! reprit Montès dans une agitation extrême; mais comment? Avec qui?... ne me cachez rien, Monsieur;

ce sera le seul moyen d'atténuer vos torts.

— Oh! il n'y a pas de ma faute, capitaine, je vous le jure... J'étais resté dans sa chambre avec elle, comme vous l'aviez recommandé; on était venu plusieurs fois me chercher pour affaire, je n'avais pas voulu la quitter... Elle paraissait assez calme, lorsqu'un charlatan, marchand de baume, est venu s'établir devant la porte de l'hôtel. Il faisait grand bruit, afin d'attirer les curieux. Au son de la trompette, la jeune fille, qui s'ennuyait fort, s'est mise à la fenêtre, comme moi... Le charlatan était dans une vieille carriole, attelée de deux misérables haridelles, un mulet rogneux et un chétif petit âne. Il avait un habit rouge galonné, des moustaches énormes, et il parlait avec une faconde imperturbable. Une femme debout, derrière lui, distribuait la marchandise aux acheteurs... La jeune fille regardait ces gens avec une attention soutenue ; je crus que ce spectacle l'amuserait encore quelque temps ; je m'esquivai pour répondre à des voyageurs qui venaient d'arriver et demandaient à grands cris une chambre et un dîner. Vous savez, Monsieur, que quand le maître est absent, la maison va à vau-l'eau, et...

— Au diable ce verbiage ? interrompit Montès avec impatience ; la jeune personne a profité de votre absence pour s'échapper, n'est-ce pas ?

— Vous allez voir, Monsieur; ce qui me reste à vous raconter est surtout incroyable... Je n'ai pas été témoin de la chose, car j'étais occupé de mes voyageurs, comme je vous l'ai dit; mais une de mes paresseuses de servantes m'a raconté plus tard ce qui s'était passé... La femme du charlatan a levé les yeux par hasard; en apercevant la demoiselle, elle a paru fort troublée à son tour; elle s'est mise à parler au bateleur en habit rouge, et tous les deux s'occupaient si peu de leur état que les curieux se sont dispersés peu à peu. Enfin la petite leur a dit quelques mots dans une langue inconnue; ils lui ont répondu sur le même ton; la femme pleurait et lui tendait les bras...

Tout-à-coup, la demoiselle a quitté vivement la fenêtre; deux minutes après elle était dans la carriole, à côté de la baladine qui la mangeait de caresses; l'homme à l'habit rouge a fouetté ses chevaux et ils sont partis au grand ébahissement des oisifs...

— Et vous ne les avez pas poursuivis?

— Je suis arrivé en ce moment sur le seuil de la porte. En voyant votre pupille avec ces vagabonds, je ne pouvais en croire mes yeux... cependant je me suis mis à courir après eux en leur criant d'arrêter. A l'extrémité de la rue, je les ai rejoint; mais le charlatan m'a menacé de son fouet si j'osais approcher; la femme pleurait de plus belle et serrait contre sa poitrine la jeune fugitive. Enfin celle-ci s'est tournée vers moi et m'a dit d'un ton brusque :

— « Laissez-moi tranquille... je ne veux pas retourner avec vous ! »

« J'étais tout interloqué ; cependant je lui ai représenté en peu de mots combien vous seriez irrité de son départ.

— « Que m'importe ? a-t-elle répondu, vous direz au senor de Villaréal que j'ai changé d'avis, que je ne veux plus être grande dame... *demonio !* cela m'ennuie .. j'aime mieux aller courir le pays avec la Saltarella ! »

— La Saltarella ! s'écria Montès ; la Saltarella est en France, malgré... ah ! je comprends tout maintenant.

— La Saltarella ! répéta Valentin, cette intrigante qui a voulu faire passer une aventurière pour Antonia de Villaréal !

— Cette femme a été témoin, peut-être complice du crime de la Maison-Romaine, ajouta le curé.

— Il ne faut pas la laisser s'échapper ; il faut qu'elle explique ses mensonges.

— Il faut la livrer à la justice.

— Patience ! Messieurs, reprit Montès ; laissez-moi avant tout prendre une connaissance exacte des faits... Ainsi donc, continua-t-il en s'adressant à l'aubergiste, vous ne vous êtes pas opposé à leur départ?

— Que pouvais-je faire, Monsieur? l'homme à l'habit rouge me menaçait toujours de son fouet, la jeune personne, avait-elle même tiré son couteau pour se défendre...

— Il fallait crier, invoquer le secours des passants.

— Oui, mais c'eut été du bruit, du scandale auxquels votre nom et le mien, deux noms honorables, eussent été mêlés... Vous eussiez pu prendre mal la chose...

J'ai préféré les laisser partir paisiblement et venir vous prévenir.

— Peut-être avez-vous eu raison... Mais y a-t-il longtemps que ces évènements se sont passés?

— Deux heures, Monsieur; car on m'a fait attendre ici bien longtemps.

— Et avez-vous observé quel chemin prenaient ces bateleurs?

— La route des montagnes; j'ai vu la carriole gravir cette rampe là-bas vers le haut pays... Cependant ils ne sauraient être loin, car l'attelage n'est pas fringant.

— Il suffit... Eh bien, monsieur l'aubergiste, ne pourriez-vous me procurer à l'instant un cheval? je l'achète, j'en double le prix, s'il le faut.

— Rien de plus facile; veuillez me suivre, et dans un quart d'heure vous pourrez partir.

Montès rêva un moment, puis, s'approchant des deux Norbert :

— Messieurs, dit-il d'une voix émue, ce qui vient de se passer achève de m'ouvrir les yeux; cette ingrate et vagabonde fille qui m'a quitté ainsi sans pudeur ne peut pas être Antonia de Villaréal... Je vois enfin mon erreur, et c'est pour la constater plus sûrement que je vais partir.

Quand j'aurai obtenu la rétractation de cette infâme Saltarella, je reviendrai...

— Et alors, interrompit Valentin avec chaleur, vous consentirez à reconnaître la pauvre sauvage pour votre nièce ?

— Oui, oui, j'en prends l'engagement solennel.

— Que Dieu vous récompense de cette bonne résolution, monsieur de Villaréal, dit le curé avec chaleur.

— A mon tour, capitaine de Villaréal, reprit Valentin d'un ton affectueux, pardonnez-moi les injurieux soupçons que j'ai osé vous exprimer...

— Je n'ai rien à vous pardonner, Messieurs... mes bons amis! votre beau dévoûment pour ma parente a causé cet excès de zèle, et de mon côté, je l'avoue, mes opiniâtres préventions étaient bien de nature à exciter la défiance... Je vais enfin réparer mes torts... Peut-être resterai-je absent quelques jours; ne vous inquiétez pas de mon absence... Je vais déployer toute mon activité, et bientôt, j'espère, justice sera faite.

— Eh bien, chevalier de Villaréal, dit Valentin, accordez-moi une faveur; souffrez que je vous accompagne... Je suis intéressé comme vous à connaître le dernier mot de l'intrigue; partons ensemble;

deux hommes de cœur ne seront peut-être pas de trop pour mener à bien cette entreprise.

— Merci de votre obligeante proposition, mon cher Valentin, mais je me défie un peu de votre haine si légitime du reste pour ces scélérats de gitanos. D'ailleurs votre présence et celle de monsieur le curé sont bien nécessaires en ce moment à notre amie... Comptez-vous rester longtemps à Foix?

— Quelques jours seulement, répondit le curé, à moins que l'état de l'intéressante malade n'empire... Des devoirs importants nous appellent, mon neveu et moi, à Vic-d'Essos.

— Qu'y a-t-il d'aussi important pour moi que le sort d'Antonia de Villaréal? dit Valentin avec exaltation; oh! quel bonheur et quel orgueil j'aurai à lui donner enfin ce beau nom! Je suis impatient de lui dire...

— Prenez garde, Norbert, dit Montès avec tristesse; cette terrible sentence du médecin ne doit pas plus sortir de votre mémoire que de la mienne : la plus légère imprudence peut coûter à cette charmante fille l'intelligence ou la vie !

— C'est vrai, mon Dieu! c'est vrai... je n'aurai pas même la satisfaction de pouvoir lui communiquer nos espérances !

— Faites-lui encore ce sacrifice ; un de

plus ne doit pas vous coûter dans le nombre... et peut-être un jour, Antonia, revenue à la santé, riche et heureuse, s'efforcera-t-elle de les reconnaître tous à la fois!

Ces mots, prononcés d'un ton mystérieux, firent rougir Valentin.

— Que voulez-vous dire, monsieur de Villaréal? balbutia-t-il.

— Rien! rien! sinon qu'Antonia de Villaréal aura contracté bien des obligations envers vous et que son tuteur sera fort embarrassé pour reconnaître de si grands services, si elle ne l'aide un peu... Votre excellent oncle me comprend bien, lui... Allons, adieu, mes amis ; adieu et à bientôt.

Il serra la main des deux Norbert et sortit du jardin avec son compagnon.

Les dernières paroles de Montès avaient plongé le jeune ingénieur dans un trouble inexprimable.

— Mon oncle, murmura-t-il en se jetant au cou du vieillard, qu'a-t-il voulu faire entendre ? je n'ose croire...

— Il a deviné ce que j'avais deviné moi-même ! répondit le curé en souriant.

— Et qu'avez-vous deviné ?

— Tu aimes Antonia.

— Et vous ne me blâmez pas de mon audace ? Moi, humble plébéien comblé des bienfaits d'une noble famille, oser lever les yeux sur son opulente héritière !.. Le chevalier de Villaréal qui était là tout-à-l'heure eut dû m'écraser de son mépris !

— Tout au contraire, mon ami, il paraît approuver tes sentiments.

— Et vous, mon oncle ?

— Moi ?... je voudrais te savoir heureux, Valentin.

Le jeune homme le pressa sur son cœur avec effusion.

— Pauvre garçon ! ne te hâte pas trop

de concevoir de pareilles espérances ! dit le prêtre avec un soupir ; il faut si peu de temps à Dieu pour amener un orage dans un ciel serein !

I

La Saltarella.

Pendant que ceci se passait au couvent de Sainte-Marie, la carriole dont il a été question dans le chapitre précédent, gravissait péniblement une montagne, à quelques lieues de Foix, en avant des cimes principales de cette partie des Pyrénées. L'aubergiste n'avait pas exagéré l'aspect misérable du véhicule et de l'attelage. La voiture était couverte d'une mauvaise toile cirée, en lambeaux; le mulet et l'âne qui la traînaient, montraient, malgré les plumets rouges et les quincailleries dont ils étaient parés, à la mode catalane, fort peu d'ardeur et de fierté. Le charlatan, leur maître, allait à pied, afin de les soulager d'autant, et ne leur épargnait pas les incitations du fouet; mais les pauvres bêtes haletantes, à demi suffoquées par la poussière et la chaleur, pouvaient à peine conserver un pas modéré sur ce chemin raide et sinueux.

Cette lenteur semblait désespérer une des personnes qui se trouvaient dans la voiture. A chaque instant un visage de femme se collait au vasistas pour s'assurer si l'on n'était pas poursuivi. L'automédon lui-même se retournait fréquemment et examinait les profondeurs de la route qu'il venait de parcourir. D'autres fois son regard se portait vers une espèce de défilé, couvert de liéges et de hêtres, où la route allait s'engouffrer, à peu près à moitié de la montagne, puis vers le soleil encore haut sur l'horizon, comme pour calculer s'il serait possible d'atteindre ce refuge avant la nuit. Néanmoins ses observations n'avaient sans doute rien de sérieusement alarmant, car il continuait de siffler entre ses dents un air de muletier.

Ce personnage était à peu près tel que l'aubergiste des Deux-Couronnes l'avait dépeint. Il portait en effet un habit rouge et un chapeau garni de plumes de coq; l'un et l'autre paraissaient être la dépouille de quelque officier anglais, tué à la bataille de Toulouse. Un pantalon bleu, affectant aussi un air d'uniforme, et de gros souliers ferrés complétaient ce costume dont la magnificence disparaissait en partie sous une vieille cape montagnarde. Mais les volumineuses moustaches, qui avaient particulièrement frappé le maître d'hôtel, avaient disparu, et cette circonstance nous permet de reconnaître, dans le charlatan en habit rouge, notre vieille connaissance Jeandot Perez, ou, si l'on aime mieux, le gitano Biroben.

Deux femmes occupaient le fond de la carriole. L'une était cette jeune fille, au caractère indocile, que Montès de Villaréal avait présentée aux Norbert comme sa nièce ; l'autre la compagne du charlatan, cette femme éplorée qui avait joué un rôle si actif dans l'enlèvement. Elle appartenait aussi à la race bohémienne, à en juger par ses cheveux noirs, son teint basané, ses yeux vifs et un peu hagards. Elle avait trente-cinq ans environ, et, bien qu'à cet âge la beauté des gitanas soit flétrie d'ordinaire, sa toilette extravagante faisait ressortir encore quelques restes de fraîcheur. Une robe à falbalas, une mantille de fausses dentelles, une couronne de fleurs artificielles s'épanouissant par-dessous un foulard troué, posé en marmotte, annonçaient certaines prétentions, exigées peut-être par sa profession actuelle, à attirer les regards. Mais en dépit de cette parure folle, la pauvre créature était en proie aux plus cruelles angoisses. Pâle et agitée, elle entourait de ses bras la jeune fille, assise à côté d'elle, sur la dure banquette de la voiture, et de grosses larmes coulaient de ses yeux.

La jeune fille, au contraire, ne semblait nullement partager cette inquiétude et se montrait presque irritée de l'attendrissement de la Saltarella. Souvent elle la repoussait avec une impatience mal déguisée, ou bien elle souriait d'un air de raillerie à quelque exclamation arrachée par la terreur à la bohémienne. Alors celle-ci, essuyant ses yeux, s'efforçait de cacher son effroi.

Cependant, une fois que le conducteur s'était arrêté pour observer un cavalier qui se montrait dans un nuage de poussière au pied de la montagne, la Saltarella ne put se contenir.

— Est-ce *lui?* demanda-t-elle d'une voix étouffée.

— Je ne crois pas, répliqua Biroben

tranquillement; il lui aura fallu du temps pour s'apercevoir de la disparition de Zerbine, pour se procurer un cheval, pour s'informer de la route que nous avons prise... Il sera tard, quand il quittera Foix, nous serons loin... et je rirai du bon tour que nous lui aurons joué !

— Tu riras, Biroben, parce que tu ne connais pas celui dont tu parles; mais moi qui le connais mieux, je tremble.

— Je ne le connais pas! Allons donc, la Saltarella; ne l'ai-je pas vu au Montcalm lâcher son coup de carabine sur la pauvre sauvage avec autant de sang-froid que sur un coq de bruyère? Et puis, comme il m'a entortillé! Par la bonne vierge d'Héas ! il m'a persuadé un moment à moi-même que j'avais commis le crime ! Oui, oui, je connais ce gaillard-là, et il est aussi méchant qu'il est fin... Mais il m'a prouvé, en coupant les cordes pour me faire évader, qu'il avait des raisons de ne pas me pousser à bout.

— Ne cherche pas à lutter contre lui, Biroben ; crois-moi, il se trouverait le plus fort... Seigneur Dieu! s'il allait me reprendre ma Zerbine !

Et elle se mit à sangloter.

— Véritablement, la Saltarella, tu es une poltronne... Pourquoi ces jérémiades? N'es-tu pas la mère de Zerbine? Par exemple, dire qui est son père, serait plus difficile, car lorsque tu te joignis à ma bande, il y a une quinzaine d'années, tu portais déjà l'enfant sur ton dos, et depuis ce temps tu as toujours été impénétrable au sujet du père. Quoiqu'il en soit, ta fille est ta fille, que diable! et personne n'a le droit de te l'enlever.

— Et cependant il me l'enlèvera encore, s'il en a la volonté... Tu ne sais pas combien il est inexorable!

— Pourquoi donc, folle, si tu aimes tant Zerbine, l'avoir laissé prendre une fois par ce Montès de Villaréal?

— Il me promit de la rendre riche et

heureuse ; puis il me fit peur des juges à cause de l'histoire de la Maison-Romaine ; enfin il employa d'autres moyens... que je ne peux révéler. Je me décidai donc à lui abandonner ma fille, à me sauver en Espagne. Je croyais avoir la force de vivre loin d'elle ; mais malgré tout l'argent qu'il m'avait donné, je n'ai pu y tenir. Je me consumais d'ennuis et de regrets lorsque je t'ai rencontré ; j'avais le plus ardent désir de rentrer en France : aussi ai-je écouté les propositions que tu me faisais de t'accompagner pour t'aider dans ton état. Nous sommes venus à Foix, et, au moment où je m'y attendais le moins, j'ai aperçu ma pauvre Zerbine à la fenêtre d'une auberge.... Je l'ai appelée et elle est accourue aussitôt, car elle m'aime toujours... n'est-ce pas, Zerbine? ajouta-t-elle dans un nouveau transport de tendresse, en couvrant de baisers la jeune fille; tu m'aimes, tu ne veux plus me quitter! tu ne veux plus habiter les villes?

— Oui, dit Zerbine sèchement et sans rendre à sa mère caresse pour caresse; car je me déplaisais fort avec lui. Je ne pouvais remuer; il m'accablait de recommandations auxquelles je ne comprenais rien. Il ne me permettait ni de sortir, ni de chanter, ni de danser, ni de jouer des castagnettes. J'étais obligée de porter ces grandes vilaines robes de laine; je n'étais plus gentille comme au temps où j'étais gitana.

— Tu le seras encore! s'écria la mère avec chaleur, et partout où nous passerons, on accourra sur les portes pour t'admirer. Tu te rappelles cette robe de gaze à franges d'argent que tu portais à Séville pour la fête de saint Dominique? Tous les *manolos* de la grande place battirent des mains quand tu commenças à danser... Eh bien! je te ferai faire une robe pareille, une plus riche encore ; tu auras une résille de perles sur tes cheveux ; je te donnerai un beau tambour de basque avec des grelots dorés... Et, tiens, tiens, ajouta-t-elle en retirant de son sein un objet enveloppé dans un chiffon de soie, voici encore tes castagnettes; je les conservais comme une relique pensant ne plus te voir !

La jeune fille saisit avidement les castagnettes, passa ses doigts dans les cordons et les fit claqueter avec une joie puérile.

— Oui, oui, tu seras bien heureuse avec nous, continua la Saltarella; Biroben et moi nous ne te contrarierons jamais... Ainsi, ma Zerbine, si Montès nous poursuit, s'il nous atteint, tu refuseras de le suivre?

— Je refuserai, répliqua Zerbine en jouant l'air du *Fandango*.

— Et s'il résiste, s'il se fâche, s'il menace ?

— N'ai-je pas mon couteau ? dit la jeune fille en agitant ses bras avec grâce comme si elle dansait.

— Ton couteau ! murmura la Saltarella en pâlissant, contre lui ! ah ! si tu savais...

— Quoi donc ? il a voulu faire croire qu'il était mon parent, mais cela n'est pas... et peu s'en est fallu que je le dise hautement à tous ces bourgeois qui écoutaient ses histoires ; car je n'aime pas à mentir, moi, c'est lâche... Et d'ailleurs, parent ou non, je ne souffrirai plus qu'il me tienne prisonnière !

— Ne parle pas ainsi, ma fille, ne parle pas ainsi, dit la Saltarella tremblante ; ne m'en demande pas les motifs, mais toi et moi, nous devons des ménagements... du respect à cet homme !

— Du respect ! répéta Zerbine avec un sourire dédaigneux ; qu'est-ce que cela ?

— Ecoute, la Saltarella, reprit Biroben qui prêtait une oreille attentive à cet entretien ; il m'est venu un soupçon... Tu connais ce Montès de Villaréal depuis longtemps, et certainement tu as eu des rapports avec lui, bien avant le jour où il te décida à lui confier ta fille !

— Que t'importe, Biroben ? ce ne sont pas là tes affaires.

— Au fait, c'est juste, répliqua le bohémien avec indifférence ; mais dis donc, la Saltarella, et toi aussi, petite, il n'est pas nécessaire de crier si haut ce nom de Biroben... Nul ne sait où peut se cacher un gendarme... D'ailleurs, j'ai pour le moment un autre nom ; je m'appelle le senor Bustamente, médecin extraordinaire de l'empereur du Brésil. N'allez pas l'oublier et ne me donnez plus ce vilain nom si dangereux à porter... Ma foi, *Zerbina mia*, continua-t-il d'un ton amical, si tu veux être bien sage, nous ferons de bonnes affaires dans ce pays. Tu danseras, je vendrai de l'eau mêlée à un peu d'eau-de-vie sous prétexte de baume ; la Saltarella surveillera la recette et tout ira pour le mieux ; nous remplirons nos coffres de beaux et bons écus, si toutefois le gouvernement, qui m'en a toujours voulu, ne s'avise pas de nous déranger ; heureusement, voilà l'empereur renversé tout de bon et on laissera tranquilles les pauvres gens.

— Va, va, camarade, répliqua la Saltarella, en soupirant, ni toi ni moi, nous n'aurons jamais de sécurité de ce côté de la frontière, à cause de la malheureuse affaire de la Maison-Romaine... Aussi, si tu voulais m'en croire, nous nous sauverions soit en Catalogne, soit dans la vallée d'Andorre où nous n'aurions plus rien à craindre.

— Tu ne parlais pas ainsi, la Saltarella, il y a quelque jours, de cette Espagne où l'on ramasse à peine deux ou trois réaux dans sa journée : maintenant que tu as retrouvé ta fille, tu as changé d'avis... Ensuite tu as peut-être raison ; car les gens de justice sont vraiment un fléau pour cette pauvre France ; on en rencontre partout... Mais, ajouta-t-il en baissant la voix, nous n'aurions plus à nous inquiéter de cette vieille histoire de la Maison-Romaine, la Saltarella, si tu voulais dire ce que tu sais ?

— Moi ?... je... ne sais rien. As-tu oublié que je n'étais pas avec la bande au moment de l'évènement ?

— Oui, mais tu connaissais le coupable, cet homme au visage barbouillé de noir qui se faisait appeler le *charbonnier*... Nous le rencontrâmes à un quart de lieue de la maison et il se mêla à nous, en se recommandant de toi.

— C'était un imposteur, je ne le connaissais pas! répliqua la bohémienne d'un ton brusque; ne m'interroge plus, je ne sais rien... tais-toi si tu veux que nous restions amis!

Et elle tourna le dos à son associé.

Pendant cette conversation, la carriole avançait toujours vers cette gorge boisée qui se creusait dans le flanc de la montagne ; mais, malgré les efforts du conducteur, le pas des pauvres haridelles se ralentissait de moment en moment, et il devenait nécessaire de les laisser souffler un peu. Leur maître, avant de s'y décider, posa la main sur son front, pour se garantir des rayons du soleil alors à son déclin, et examina de nouveau les sinuosités de la route au-dessous de lui. A un demi-quart de lieue environ, un cavalier gravissait la côte de toute la rapidité de sa monture. Biroben, ou si l'on veut le senor Bustamente, puisque tel était son nom pour le moment, fit une grimace significative et, malgré ses forfanteries, une légère pâleur se montra sur son visage.

— C'est, ma foi, le capitaine Montès lui-même ! dit-il à ses compagnes.

Zerbine resta impassible, mais la Saltarella poussa un cri d'épouvante.

— Arrêtez, s'écria-t-elle; nous descendrons ici, et nous nous cacherons facilement dans ces bois... je n'oserai jamais soutenir sa présence.

— Ah çà ! la Saltarella, dit Biroben, il est donc bien terrible ?... Mais au fait il est bon de prendre quelques précautions.

Il alla chercher dans un coffre de la voiture une vieille escopette de contrebandier.

— Viens, viens, ma fille, s'écriait toujours la gitana; sauvons-nous, il nous tuerait!

— Je veux rester, moi, dit Zerbine d'un ton résolu; je ne le crains pas...

— Que vous vouliez ou non, murmura le charlatan, il n'est plus temps de l'éviter, car le voici!

En effet, la proximité des voyageurs avait donné à Montès une ardeur nouvelle. Il éperonnait sans relâche son cheval, déjà épuisé de fatigue, et il les atteignit à l'entrée du défilé.

Au bruit de son approche, la bohémienne serra sa fille contre sa poitrine et se blottit avec elle au fond de la voiture. Biroben exhiba belliqueusement son escopette.

Montès, plaçant son cheval en travers de la route, força les deux pauvres haridelles de s'arrêter. Puis, jetant un regard de dédain sur Biroben :

— C'est donc toi, vaurien ? lui dit-il, je m'en doutais !...

— Il m'a reconnu ! s'écria le bohémien stupéfait, en portant la main à ses fausses moustaches qu'il venait de replacer.

— Pensais-tu donc que ces méchants crins noirs, posés sous ton nez, suffiraient à rendre méconnaissable ta figure de coquin?... Allons, cache ton fusil rouillé, poltron... ce n'est pas à toi que j'en veux.

Il mit pied à terre et s'avança vers la voiture où la Saltarella continuait à pousser des cris perçants.

— Paix! paix! sottes et ingrates créatures, dit-il durement; croyez-vous que notre position ne soit pas assez périlleuse pour appeler ainsi les passants?... Ah! vous avez voulu rentrer en France, malgré mes ordres? il pourra vous en cuire avant peu!

Biroben lui-même parut effrayé de ce ton d'assurance.

— Dites donc, senor Montès, demanda-t-il, est-ce que nous courons quelque danger?

— Comment! vous avez eu l'imprudence de vous montrer dans la ville de Foix, et vous vous imaginez que vous n'avez pas été remarqués, reconnus et que vous n'allez pas être poursuivis?

— Diable! s'il en était ainsi... Je me croyais pourtant si bien déguisé!

— Eh! n'y aurait-il pas assez de cet âne galeux dont tu te fais suivre partout pour te trahir? Et puis cette petite niaise qui va crier en pleine rue le nom de la Saltarella! Avez-vous donc perdu la raison ou avez-vous oublié vos anciens comptes avec la justice ?

— Mais du moins, balbutia Biroben, personne là-bas ne sait où nous sommes ?

— Personne ! excepté ce bavard d'aubergiste qui va conter à toute la ville l'aventure de Zerbine... excepté l'ingénieur Norbert, qui, tu ne l'ignores pas, Biroben, aime tous les gitanos en général et la Saltarella et toi en particulier.

— Miséricorde ! ce jeune enragé va mettre à nos trousses une légion de gendarmes et nous serons happés en un clin d'œil.

— Eh bien, soit, dit la Saltarella d'une

voix gémissante, qu'on nous arrête! du moins on ne me séparera pas de ma fille.

— *Demonio!* ne le croyez pas, dit Zerbine avec dédain, *il* ment encore, car *il* ment toujours... c'est sa manière ; *il* espère nous faire peur.

Villaréal fronça le sourcil.

— Dites donc, senor capitaine, reprit le bohémien en se grattant l'oreille, vous voudriez, n'est-ce pas, nous savoir en Espagne, la Saltarella et moi? Eh bien! laissez-nous poursuivre notre route et nous allons regagner bien vite la frontière. Quant à la petite, je ne la retiens pas ;

c'est elle qui a voulu nous suivre, et si elle consent à retourner avec vous...

— Non, dit Zerbine sèchement.

— La frontière ! répéta Montès ; oubliez-vous qu'en ce moment les passages sont occupés par des populations armées, par des troupes régulières françaises ou espagnoles ? On vous arrêtera, et qui sait si vous ne serez pas fusillés comme espions, dans le cas où vous ne seriez pas livrés à la justice de l'un ou de l'autre pays ?

Cette fois le vaillant Gitano perdit contenance.

— Sainte Vierge ! mon bon senor, dit-il

d'un ton lamentable, qu'allons-nous devenir? Je suis un homme ruiné... mes affaires allaient si bien ! Je vais tout perdre à la fois.

Montès parut jouir un moment de son inquiétude.

— Écoutez, Biroben, et vous aussi, femelles entêtées, reprit-il enfin ; si j'en avais cru mon ressentiment contre vous, je vous aurais laissé courir les aventures jusqu'à ce que l'on vous fît expier vos sottises toutes à la fois... Mais j'ai intérêt à ce qu'on ne fouille pas trop dans vos affaires, entendez-vous bien ? et à cette considération seule je consens à vous préserver des suites de votre imprudence... Je vais donc vous cacher dans un refuge sûr où personne ne songera à venir vous chercher. Là vous attendrez que la frontière soit pacifiée; quand les chemins seront libres, je vous conduirai moi-même à la plus prochaine vallée catalane..... Et alors si vous osez de nouveau mettre le pied sur le sol français, je trouverai moyen, je le jure, de vous en faire repentir!

Cette proposition fut accueillie avec défiance.

— Hum! grommela Biroben, qu'y a-t-il encore là-dessous?

— C'est un piège! dit Zerbine en haussant les épaules.

— Il ne parle pas de me séparer de ma fille ! pensa la Saltarella.

— Allons, c'est entendu, reprit le chevalier de Villaréal ; eh bien, maître Biroben, fais-moi l'amitié de t'éloigner un peu pendant que je causerai avec ces femmes... Tout-à-l'heure je te dirai ce que j'attends de toi, afin d'occuper tes loisirs d'ici à ton départ pour l'Espagne ; mais je n'aime pas à voir tes longues oreilles à portée de m'épier... Et vous, stupides créatures, descendez et venez me rendre compte de votre équipée.

— Je ne veux pas descendre, moi ! dit Zerbine.

— Reste donc, fille indomptable et opiniâtre ! répliqua Montès avec colère ; aussi bien c'est seulement à ta mère que je veux parler... Elle ne m'obligera pas, j'espère, à répéter cet ordre !

— J'obéirai, Montès, dit la Saltarella, et vous me châtierez si vous le voulez, mais promettez-moi de ne pas m'enlever ma fille.

— Eh ! qui parle de te châtier, qui parle de t'enlever ta fille ? dit le capitaine avec impatience ; mes projets sont changés à votre égard... vous pourrez vivre et mourir ensemble, sans que je m'y oppose désormais... descends, c'est tout ce que je te demande.

La Saltarella obéit et Montès, lui prenant le bras, l'entraîna précipitamment.

Le soleil se couchait et c'était à peine si une teinte pourprée colorait encore l'extrémité des liéges qui bordaient la route. De gros scarabées verts bourdonnaient dans la poussière du chemin. Des coqs de bruyères chantaient au haut des arbres où ils venaient chercher un gîte pour la nuit. Villaréal et la Bohémienne marchaient à une quinzaine de pas environ du reste de la troupe ; ce silence et cette solitude parurent éveiller en eux d'anciens souvenirs. Comme Montès se taisait, la Saltarella lui dit avec mélancolie :

— Voilà bien longtemps, Montès, que

je n'avais été si près de vous... oui, depuis le temps où j'habitais la ferme de l'honnête Giuseppe Esterle, non loin de Gonac. J'étais chargée de la laiterie de mon maître ; jamais jeune fille plus gaie et plus heureuse n'avait parcouru ces montagnes. J'avais pris les goûts paisibles des braves gens qui m'avaient recueillie depuis mon enfance. Je n'eusse peut-être jamais quitté cette tranquille maison, si je ne vous avais rencontré... vous erriez alors pauvre et misérable dans le voisinage ; je ne vous supposais pas d'une condition supérieure à la mienne et vous sembliez fort à plaindre... je vous aimai et je désespérai un digne homme qui m'aimait plus que vous peut-être !

— A quoi bon rappeler ces enfantillages ? interrompit Montès distraitement.

— Ces évènements me sont revenus à la mémoire en vous voyant là, près de moi, et le souvenir m'en est bien doux, quoiqu'ils aient été suivis de chagrins cruels... J'étais enceinte; mon maître, jusque là si généreux, me chassa sans pitié; il me fallut me joindre à une bande de gitanos, car vous aviez disparu tout-à-coup, et je me croyais abandonnée. Je ne vous revis que plus tard, dans une circonstance funeste...

— Dis-moi, la Salterella, es-tu bien sûre de n'avoir jamais parlé de tout cela devant Zerbine... devant notre fille ?

— Jamais; je me suis toujours soumise

avec résignation à vos volontés... Zerbine ignore qu'elle a un père riche, noble, qui eût pu lui donner un rang élevé dans le monde !

— Est-ce ma faute si je ne l'ai pas fait? interrompit Montès avec véhémence; ta sauvage fille et toi, ne venez-vous pas de ruiner de fond en comble le plan le plus ingénieux que j'aie jamais conçu? A-t-il tenu à moi de transmettre à cette intraitable enfant le nom et la fortune des Villaréal?

— Oui, oui, je l'avoue, vous vous êtes rappelé d'elle le jour où elle a été nécessaire à vos intérêts personnels! ce jour-là vous êtes venu la chercher dans cette prison où l'on nous avait jetées l'une et l'autre, parce que nous étions sans pain et sans abri ; puis vous m'avez forcée à m'expatrier, afin d'exercer sur ma fille une autorité absolue. Vous avez vu aujourd'hui que vous aviez trop exigé d'elle et de moi ! Elle m'a suivi, elle ne veut plus me quitter... Peut-être n'a-t-elle pas oublié aussi, qu'avant votre retour inattendu vers nous, j'étais seule sur la terre à la défendre et à l'aimer ! Pauvre Zerbine ! Pendant son enfance, je la portais sur mon dos, dans de longues et pénibles marches ; j'implorais pour elle la charité publique, quand je n'avais plus rien à lui donner. C'est ainsi, Montès, qu'il nous arriva une fois d'exciter la pitié de votre frère lui-même...

— Assez, interrompit Villaréal, d'un ton dur, je ne t'ai pas adressé de reproches, je ne veux pas en recevoir de toi... Il me suffit que ta fille ne sache rien du passé, car, je ne m'en cache pas, ce caractère audacieux m'inspire souvent d'étranges inquiétudes... Mais ce n'est pas tout, continua-t-il en attachant sur la gitana un regard perçant, n'as-tu révélé ce secret, et d'autres plus importants peut-être, à nulle personne au monde ?

— Et à qui donc, bon Dieu ?

— Mais... à ce coquin qui est là derrière nous, par exemple. Il est maintenant ton compagnon, ton associé, et peut-être...

— Taisez-vous, fit la Saltarella en fondant en larmes ; cela n'est pas, vous le savez, cela ne peut être... la nécessité, la misère seules m'ont rapprochée de cet homme. Montès, parce que je suis une humble gitana qui vous a sacrifié son honneur, son existence, son bonheur et celui de son enfant, vous croyez-vous donc en droit de m'insulter ?

— Il suffit, la Saltarella, reprit Montès d'un ton plus doux ; tu as toujours été en effet une bonne personne ; mais je pensais... Enfin n'en parlons plus. Ce Biroben connaît déjà assez mes affaires pour me donner de l'ombrage ; mais puisqu'il ignore le principal, je me risquerai de nouveau à l'employer, car le drôle est intelligent.

— Que voulez-vous faire encore, Montès? demanda timidement la Bohémienne. Vos haines ne sont-elles donc pas assouvies? Vous que j'ai connu sans asile, vivant de chasse et de contrebande sur la frontière, n'êtes-vous pas aujourd'hui possesseur de biens considérables?

— Il n'en est pas tout-à-fait ainsi, la Saltarella. Je ne peux, comme je te l'ai déjà expliqué plus d'une fois, disposer de cette fortune à mon gré... La mort de l'héritière de mon frère Fernand n'ayant jamais été prouvée, je suis seulement usufruitier des biens ; il m'est défendu de les aliéner ou de les vendre... Pour arriver à en disposer autrement, j'avais eu l'idée de faire passer Zerbine pour ma nièce, plan excellent qui, avec un peu de persévérance, eût certainement réussi. Alors j'aurais réalisé toutes les propriétés, et nous nous serions retirés en Espagne, où nous eussions vécu paisiblement à l'abri de toute tracasserie... Enfin, ne revenons pas sur le passé. Aussi bien, je vais maintenant jouer un jeu plus sûr...

— Quel jeu, Montès? Aurez-vous assez de confiance en moi pour me révéler vos projets?

— Pourquoi non, la Saltarella? Cette fois, ils sont fort honorables, et on peut les avouer. Je vais reconnaître authentiquement ma véritable nièce.

— Serait-il possible, Montès ? Voudriez-vous enfin réparer vos torts envers cette pauvre enfant ?... Oh ! ce serait une bonne pensée, et peut-être effacerait-elle bien des fautes !

— Doucement, vertueuse Saltarella ! comme vous y allez, ma chère ! Je reconnaîtrai cette jeune fille pour ma nièce, comprenez bien ; mais c'est avec la certitude que bientôt, à mon tour, je deviendrai son héritier.

— Quoi ! Montès, demanda la Bohémienne en frissonnant, oseriez-vous tenter encore...

— Non, non, c'était une mauvaise combinaison, car, elle ne remédiait immédiament à rien ; j'y ai renoncé... Les chances aujourd'hui sont bien plus favorables. Une certaine décision d'un brave médecin vient de m'inspirer les plus flatteuses espérances... Dans un mois d'ici, je serai maître absolu de toute la fortune.

— Et votre nièce, Montès?

— Elle sera morte ou folle...

— Mais si vous n'avez pas l'intention de... de lui faire du mal?

— Bah! tu n'entends rien à ces sortes d'affaires... Un dernier mot seulement... Si je suis forcé d'employer Biroben dans l'exécution de mes plans ; le crois-tu capable de me trahir?

— Soyez en garde contre lui.

— Tu m'affirmes cependant qu'il ne sait rien?

— Rien, Montès, rien que ce qu'il a vu... et c'est déjà trop peut-être !

— Si j'avais à choisir, ce n'est pas lui que je prendrais ; car, à la fin, il pourrait devenir dangereux. Mais sa position particulière dans les évènements où nous sommes mêlés l'un et l'autre, est pour moi un gage de sécurité... Je vais le tâter adroitement... Toi, la Saltarella, reprends ta place dans la voiture auprès de ta fille, et ayez l'une et l'autre l'esprit en repos ; on vous laissera vivre à votre guise, pourvu que vous me laissiez agir à la mienne.

La Saltarella, avec sa docilité ordinaire, remonta dans la carriole où Zerbine s'était endormie pendant cette conversation. Le capitaine rejoignit Biroben, qui sifflotait sournoisement en conduisant les chevaux.

— Eh bien ! senor Bustamente, lui dit-il d'un ton familier et railleur, nous sommes donc destinés à nous jouer mutuellement de mauvais tours ? Tu n'as pourtant pas trop à te plaindre de la manière dont se termina l'aventure du Montcalm... je coupai prestement la corde, et Oliba, le valet de l'aubergiste, ne s'aperçut de rien.

— Oui, mais vous me fîtes ronfler une balle aux oreilles, répliqua le Bohémien d'un air de rancune; et d'ailleurs, vous m'aviez accusé d'un tas d'horreurs, si bien que le jeune M. Norbert et les *toys* voulaient m'assommer... Si encore vous m'aviez prévenu! Mais il m'a fallu supporter sans savoir pourquoi les injures et les coups...

— Et toi, n'as-tu pas essayé de me mettre dans l'embarras en racontant l'histoire à ta manière? Ton premier tort avait été de te laisser prendre... Cependant, je l'avoue, Biroben, Jeandot, Bustamente ou quel que soit ton nom actuel, j'ai des torts envers toi et je veux franchement les réparer.

Le gitano le regarda en dessous.

— Oui, continua Montès, si j'ai bonne mémoire, on te força à me restituer certains quadruples dont je te dois compte... En voici déjà quelques-uns pour diminuer d'autant cette dette sacrée.

Il tira de sa poche plusieurs pièces d'or qu'il présenta au Bohémien. Celui-ci les tourna et les retourna dans sa main; ses yeux brillèrent de plaisir.

— Et c'est de bon or d'Espagne? reprit-il avec transport; ah! çà, maître, c'est fièrement bien de votre part! vous êtes ce qui s'appelle un homme d'honneur et de parole... Eh bien! vrai, j'ai du regret de vous avoir joué des farces aujourd'hui !

— Je te donne seulement un à-compte, tu recevras le surplus quand nous serons dans un lieu plus convenable... Mais ceci n'est rien encore auprès de la récompense que tu obtiendras de moi, si tu remplis à ma satisfaction une commission dont je veux te charger.

— Du diable si je sais ce que je peux désirer maintenant ! Regardez-moi cette carriole, comme c'est cossu, comme c'est bien suspendu !... Et puis ce petit mulet qui tire avec mon âne ; quel vaillant attelage ça fait ?... Quand j'étais maquignon, je n'avais pas beaucoup de plus belles bêtes dans mon écurie... et tout cela est à moi, payé de mon argent ! De plus j'ai acheté d'un hidalgo de la vallée d'Arrans la recette du véritable baume de Tombouctou, guérissant trois cent cinquante-deux espèces de maladie; puis des certificats superbes où il y a des signatures de reines et d'empereurs, des cachets de plomb, larges comme la main... Avec cela et mon superbe costume de général qui, vous le voyez, n'est pas trop avarié (et le Bohémien promena sur sa personne un regard de complaisance), ma fortune est sûre... Les gens des villes et des campagnes me jetteront leurs écus à la tête!

— Tu crois cela? répliqua Montès d'un air de mépris et de pitié, tu espères éblouir les badauds avec ton ignoble charrette traînée par deux rosses étiques, avec ta casaque frippée? On se moquera de toi, malgré ton baume et tes certificats d'impératrices... Il te faut mieux que ça, senor Bustamente ; que dirais-tu, par exemple, d'une superbe calèche, supérieurement peinte et dorée comme une châsse de saint, traînée par deux beaux chevaux noirs de race andalouse, et pour toi d'un uniforme de tambour-major de l'ex-garde impériale, tellement couvert de broderies d'or de la tête aux pieds, que tu aurais à peine la force de le porter?

— Pourvu qu'il me laissât seulement la langue libre, s'écria le Bohémien avec enthousiasme, dans moins de trois mois je serais assez riche pour acheter le quart de l'empire français !

— Eh bien ! tu auras tout cela si tu consens à me servir.

Le gitano s'écarquilla les yeux, comme s'il n'eût pu croire cette offre sérieuse; mais aussitôt son visage se rembrunit.

— Vous allez encore me proposer quelque sale besogne, dit-il avec humeur; mais adressez-vous à un autre, ce n'est pas ma partie..... J'ai été tourmenté au sujet d'affaires dans lesquelles je n'étais pour rien; que serait-ce donc si je me fourrais tout de bon dans le bourbier?

—Tu veux te faire marchander, avec

tes scrupules, dit Montès sans s'offenser de la supposition de Biroben ; mais je t'en donne ma parole, ta mission ne pourra t'occasionner aucun désagrément sérieux.

— S'il en est ainsi... Voyons, qu'attendez vous de moi ?

— C'est toujours pour la même affaire... Il s'agit encore de la femme sauvage.

— Elle n'est donc pas morte d'un certain coup de carabine ?...

— Elle vit; elle est à Foix, dans un couvent.

— Vraiment! On l'a donc apprivoisée ?

— Il faut trouver moyen de la tirer de là et de me l'amener dans un endroit que je te désignerai.

— Mais... vous ne lui ferez pas de mal !

— Non, encore une fois... du moins comme tu l'entends.

— Fort bien, mais la chose ne me semble pas facile. D'abord, d'après votre propre aveu, je ne peux me montrer dans la ville, sans risquer d'être reconnu ?

— Tu sais si bien te déguiser ! Tu prendras une perruque et tu te teindras le visage...

— Il suffit, c'est mon métier... Mais comment entrer dans ce couvent ? Il doit y avoir là de hautes murailles, des grilles de fer ?

— Je te fournirai les indications nécessaires... J'ai fait des observations minutieuses ; rien de plus aisé que de pénétrer à Sainte-Marie...

— Sainte-Marie ? répéta Biroben avec vivacité ; n'est-ce pas cette maison religieuse qui est bâtie près de la rivière ?

— Précisément.

— Alors ne vous inquiétez plus de quelle manière j'entrerai, dit le bohémien d'un ton d'assurance ; cela me regarde.

— Comment ?

— J'ai des connaissances dans la maison.

— Toi ?

— Oui ; une gitana de mon ancienne bande est religieuse à Sainte-Marie ; on dit même qu'elle est un modèle de piété.

— A merveille ; mais ton ancienne compagne ne voudra pas t'écouter....

— J'ai des moyens de lui ouvrir les oreilles. Elle a beau être bigotte, elle nous aidera, je vous le promets. Ainsi donc, senor capitaine, tout est convenu : vous me remettrez les chevaux, la voiture, l'habit brodé d'or, quand je vous aurai livré la jeune sauvage ?

— Oui, oui, tu ne te plaindras pas de moi. Maintenant il s'agit de nous concerter pour arriver sûrement au succès...

— C'est juste, il nous faut le temps de prendre nos mesures... Mais, parbleu! senor, demanda Biroben en s'arrêtant, nous marchons toujours et vous n'avez pas dit encore où nous allons?

La petite caravane était arrivée, en effet, à l'extrémité du défilé. La route se bifurquait en cet endroit; un embranchement se dirigeait vers un vallon qui séparait la montagne de la chaîne centrale des Pyrénées; l'autre, suivant les corniches, se perdait sur la gauche dans de vastes forêts.

— Par ici, dit Villaréal en désignant la gauche.

— Mais, encore une fois, où allons-nous ?

— Dans cet asile sûr que je vous ai promis.

La Saltarella se pencha hors de la carriole.

—Montès, dit-elle avec trouble, vous oseriez...

Un signe énergique lui ferma la bouche.

— Décidément, reprit Biroben d'un air de soupçon, je veux savoir où conduit cette route ?

— Eh bien ! dit Montès brusquement,

elle mène à une de mes propriétés... à la Maison-Romaine!... l'habitation est inoccupée depuis longtemps et ses environs sont tout-à-fait solitaires; là seulement vous n'aurez plus à craindre d'être reconnus!

Et il piqua son cheval.

— La Maison-Romaine! grommela le bohémien avec une grimace, j'aurais mieux aimé tout autre gîte... Celui-là porte malheur!

III

La Fuite.

Les deux Norbert, pleins de confiance dans les bonnes intentions du chevalier de Villaréal, attendaient à Foix le résultat de ses promesses. Cependant une semaine s'écoula sans nouvelles de lui. Le huitième jour seulement une lettre arriva, écrite à la hâte et datée d'une ville voisine. Montès

annonçait en termes vagues que ses démarches au sujet de la Saltarella n'avaient pas eu encore un succès complet. « Je ne
« suis pas moins décidé, ajoutait-il, à re-
« connaître l'intéressante pensionnaire de
« Sainte-Marie pour ma nièce, lors même
« que je ne parviendrais pas à obtenir la
« retractation de la bohémienne ; cepen-
« dant on ne saurait réunir trop de preu-
« ves afin de prévenir des difficultés dans
« l'avenir. Un acte de cette importance
« doit être inattaquable. Je vais donc
« poursuivre ma mission avec cons-
« tance. »

Il terminait en priant l'oncle et le neveu de veiller toujours sur *sa chère Antonia,* et il exprimait l'espoir que les longues souffrances de la pauvre enfant ne tarderaient pas à trouver leur fin.

Cette lettre, qui, nous devons le dire, avait uniquement pour but de gagner du temps, n'éveilla aucun soupçon dans l'esprit des protecteurs de la jeune fille. Valentin même se répandit en éloges sur le zèle infatigable de Montès.

— Tu es fort disposé à la bienveillance pour lui, dit le curé en souriant malicieusement, depuis qu'il t'a fait entrevoir certains projets.... Prends garde, mon ami, que tes jugements ne se ressentent trop de tes impressions du moment. Cependant, j'en conviens, les scrupules du chevalier de Villaréal sont fondés. Il ne doit pas y avoir d'obscurité dans les droits de notre protégée, et il est bon de réunir tous les documents capables de les rendre incontestables. J'approuve donc que, malgré les difficultés, le chevalier désire continuer ses actives recherches...

— Eh bien ! mon oncle, s'il en est ainsi, pourquoi de notre côté n'essaierions-nous pas de simplifier sa tâche ? Avez-vous oublié déjà nos soupçons au sujet du pâtre Giuseppe ? Une circonstance importante vient encore de se présenter à ma mémoire... Le vieux montagnard, pendant mon séjour sur le Montcalm, me parla avec émotion d'une bohémienne qui était restée longtemps dans sa ferme et qu'il avait voulu épouser. Ne pourrait-il avoir conservé quelques rapports avec cette femme? Ne pourrait-il avoir eu par elle connaissance des évènements auxquels il semblait faire allusion? Dans ce cas, il nous fournirait sans doute des renseignements précieux sur la Saltarella et sur sa compagne.

—En effet, Valentin, j'avais oublié Giuseppe, ou plutôt je ne croyais plus son témoignage aussi nécessaire. Mais tu as raison; peut-être de ce côté obtiendrons-nous des révélations qui accéléreront la marche des choses... Eh bien! je verrai ce vieillard; et par prières ou par menaces je lui arracherai des aveux complets. Je partirai demain.

— Pourquoi pas moi, mon oncle? le voyage sera fatigant; il faudra probablement aller chercher Giuseppe sur le Montcalm; c'est moi qui dois partir...

— Parles-tu franchement, Valentin? quitterais-tu, sans un mortel regret, ta pauvre Antonia toujours si souffrante? D'ailleurs, rassure-toi; Giuseppe est trop vieux maintenant pour passer toute une saison sur les montagnes; je le trouverai certainement établi dans sa petite maison de Suc... Enfin, s'il faut te le dire, tu es trop vif, trop impétueux pour t'entendre avec ce vieillard fantasque. Je réussirai mieux à lui imposer, à obtenir de lui des confidences ; mon âge et mon habit auront sur lui une autorité à laquelle il ne pourra résister.

Il fut convenu entre eux qu'ils se tiendraient mutuellement au courant des évènements qui pourraient survenir, et dès le lendemain l'abbé Norbert, après avoir pris congé de sa protégée, partit pour le village de Suc.

L'état inquiétant d'Antonia justifiait la répugnance de Valentin à quitter Foix. La jeune fille, depuis la scène violente que nous avons racontée, n'avait pu se remettre complètement ; elle était tombée dans une noire mélancolie. Norbert passait près d'elle tous les moments que les convenances permettaient de lui consacrer ; mais il n'était pas parvenu à lui arracher le secret de ses préoccupations. Obligé de mettre la plus grande réserve dans ses questions, de peur de réveiller des souvenirs qui auraient eu des conséquences si graves pour elle, il n'obtenait que des réponses vagues, incohérentes, dont il était impossible de tirer un sens précis.

Huit jours s'écoulèrent encore ; le jeune fonctionnaire ne recevait de lettres ni de Villaréal ni de l'abbé Norbert. Antonia n'éprouvait non plus aucune amélioration dans sa santé, malgré les soins empressés dont elle était l'objet au couvent de Sainte-Marie. On s'efforçait continuellement

d'augmenter son bien-être, de l'égayer.
Le pavillon du jardin avait été affecté particulièrement à son usage. L'isolement de ce bâtiment, la tranquillité qui régnait à l'entour, le voisinage de la rivière et de la campagne, ce vaste horizon qu'on y découvrait, semblaient convenir à son humeur sombre, à ses habitudes solitaires. Elle pouvait se livrer librement à ses rêveries, respirer l'air parfumé des montagnes. Une sœur converse lui avait été donnée pour la servir et veiller sur elle dans sa retraite ; mais, sauf cette gêne légère, elle devait retrouver là le calme absolu de son ancien ermitage du Puits-d'Enfer.

Un soir, Valentin et Antonia étaient

assis sur la terrasse. L'obscurité commençait à s'épaissir sous le feuillage touffu des tilleuls; des vapeurs lourdes se traînaient dans le ciel; l'air était tiède, chargé d'électricité; un orage s'annonçait pour la nuit. La jeune sauvage, comme toutes les natures nerveuses, était éminemment sensible aux variations atmosphériques; aussi paraissait-elle plus languissante et plus abattue encore que de coutume. Cette morne tristesse avait gagné le jeune fonctionnaire lui-même; tous les deux gardaient le silence depuis un moment. Par intervalles, une ombre noire passait et repassait sous les arbres : c'était la religieuse chargée de la surveillance d'Antonia qui se promenait en récitant son chapelet.

— Marie, dit enfin Valentin en saisissant la main brûlante de la jeune fille, chère Marie, au nom du ciel ne vous cachez plus de moi... Dites-moi la cause de cette douleur secrète qui vous mine et vous tue?

Antonia releva la tête et sourit avec effort.

— Eh bien! je vous dirai la vérité, Valentin, à vous seul.... Mais promettez-moi de ne pas me gronder!

— Vous gronder, Marie! Quelle faute pourriez-vous commettre que mon cœur ne fût prêt d'avance à excuser?

— C'est que je suis coupable d'une

grande faute, Valentin... Je vous ai trompé, j'ai trompé ceux qui m'aiment en assurant que je ne regrettais rien du passé.

— Quoi ! il serait possible...

— Oui, Valentin ; ne me blâmez pas, car c'est un sentiment plus fort que moi Quand je songe à mes courses vagabondes sur la montagne, quand je me représente ma grotte, ma forêt de sapins, mon glacier étincelant au soleil, quand je revois toutes les images riantes de ma vie sauvage, je sens mon cœur se serrer et je pleure... je pleure, comme maintenant, sans pouvoir retenir mes larmes.

Et les larmes en effet jaillirent avec abondance de ses yeux.

— Oh! j'avais soupçonné ce malheur! dit Valentin en soupirant. Mais avez-vous réfléchi que ces regrets sont de l'ingratitude envers vos amis, envers moi-même?

— Je ne suis pas ingrate envers vous, Valentin! Oh! ne dites pas cela... cela est faux, j'en prends Dieu à témoin ; cela n'est pas.

— Et cependant vous regrettez de m'avoir connu?

— Oh! non, non, pas vous, Valentin ; mais ce monde où vous m'avez fait entrer ; ce monde dont les goûts, les idées, les usages, me heurtent et me blessent à chaque pas.... Oh! j'étais plus heureuse là-bas sur le Montcalm... L'hiver, enfoncée dans ma grotte, sur mon lit de mousses, je bravais la tempête rugissant au dehors. L'été, j'allais cueillir les baies et les prunelles sauvages sur les buissons, je plongeais dans le gave pour pêcher les truites agiles. Au printemps, j'écoutais chanter les oiseaux dans les liéges et les mélèzes... Chaque saison avait pour moi ses plaisirs et ses joies... Quand j'avais pourvu au besoin du moment ou de la journée, j'étais libre comme ces beaux isards qui bondissaient autour de moi sur la verdure et que ma présence n'effrayait plus. Je jouissais en paix du ciel bleu, de l'air pur, du parfum des fleurs, des splendeurs de la terre et du ciel.

Valentin l'écoutait d'un air de profonde pitié.

— Chère Marie, dit-il avec attendrissement, vous ne comprenez pas, je le vois, cette société où vous devez vivre désormais, puisque vous pouvez trouver encore des douceurs dans cette affreuse existence! Réfléchissez de grâce... N'était-ce rien de ne pas connaître vos semblables et de ne pas être connue d'eux, de ne pas être aimée et de haïr, d'ignorer jusqu'à Dieu?

— Je ne haïssais pas mes semblables, Valentin, malgré la frayeur qu'ils m'inspiraient, et je trouvais un plaisir inexprimable à voir des êtres de mon espèce,

quand je pouvais le faire avec sécurité.....
Une fois je m'approchai d'un village situé
au pied du Montcalm. Cachée dans le bois,
j'aperçus un petit enfant qui jouait seul
devant la porte de sa maison. Je ne saurais vous peindre la joie que j'éprouvais
à suivre ses mouvements, à observer ses
jeux. Je riais, je pleurais, derrière le feuillage; j'aurais voulu m'approcher de ce joli
enfant, le toucher, entendre sa voix, mais
mon invincible timidité me retenait. J'avais cueilli une belle poire dans un verger
voisin ; sans me découvrir, je la lançai aux
pieds du petit montagnard. Étonné, il regarda autour de lui, puis il s'approcha du
fruit, le ramassa et y porta ses lèvres en
souriant au ciel, qu'il remerciait sans

doute de ce présent. Alors ma joie devint du délire, je frappai des mains et je poussai des cris étranges. Ce bruit effraya l'enfant, il rentra dans la maison, je ne le vis plus... Je regagnai tristement ma grotte et je sanglotais parce que je ne voyais plus ce cher petit enfant.

Valentin n'osait interrompre ces naïfs souvenirs. Antonia resta un moment rêveuse.

— Vous m'accusez encore d'avoir méconnu le grand Dieu du ciel, reprit elle ; vous vous êtes trompé... Je ne savais pas son nom, et je ne savais pas le prier, comme les bonnes religieuses qui sont ici, mais il s'était révélé à mon cœur, et je l'aimais sans le définir. Dans mes souffrances, dans mes angoisses, je l'implorais sans lui parler ; c'était à lui que s'adressaient mes larmes quand je pleurais sans motifs, mes rires quand mon âme était inondée de joie ; ces rires et ces larmes étaient mes actions de grâces et mes prières. Pendant longtemps, j'avais conservé l'habitude de faire à certains moments le signe de la croix. Cette habitude s'altéra peu à peu ; le mouvement devint machinal, irréfléchi. Néanmoins, lorsque, frappée d'admiration par le spectacle de la nature, ou effrayée par l'approche d'un danger, je voulais me mettre en rapport avec l'être puissant qui gouverne tout, je portais encore la main à mon front, et je regardais en haut !

Pendant cette conversation, le crépuscule était devenu de plus en plus sombre. Quelques éclairs lointains illuminaient les vapeurs qui se mouvaient pesamment dans l'atmosphère. La religieuse s'approcha des deux jeunes gens.

— Mademoiselle, dit-elle d'un ton mielleux, il est nuit, et madame la supérieure nous grondera fort si vous tardez davantage à rentrer... D'ailleurs, ajouta-t-elle en se tournant vers Valentin, les statuts de notre sainte maison ne permettent pas à un étranger de rester ici après le coucher du

— Oh! encore un instant, sœur Ursule, dit Norbert d'un ton suppliant ; mademoiselle n'est pas rigoureusement astreinte à la règle, et j'ai encore bien des choses à lui dire... Je ne peux la laisser dans la fâcheuse disposition d'esprit où je la vois. Je vous excuserai, s'il le faut, auprès de madame la supérieure.

La religieuse allait insister peut-être, quand une voix forte, qui chantait une chanson catalane, se fit entendre sur la rivière, au pied des murs de la terrasse. Valentin jeta un regard rapide dans cette direction. Un homme, ayant l'apparence d'un pêcheur, était assis dans un petit bateau à quelque distance. L'obscurité empêchait de voir ses traits ; d'ailleurs, il était accroupi de manière à les cacher.

Ce chant parut produire une certaine impression sur la sœur Ursule. Elle recommanda en balbutiant aux jeunes gens de se hâter et elle s'éloigna comme pour reprendre sa promenade ; mais en réalité, quand l'ombre épaisse des tilleuls put cacher ses mouvements, elle s'approcha furtivement du parapet et échangea quelques mots avec le batelier.

Ni Valentin, ni Antonia ne remarquèrent cette circonstance ; et l'eussent-ils remarquée, elle n'eût aucunement excité leurs soupçons. Antonia disait d'un ton d'amertume à son jeune protecteur :

— Vous avez entendu la sœur Ursule, elle est bonne cependant et je lui dois bien de la reconnaissance pour ses complaisances, pour ses instructions, pour ses conseils... Eh bien ! il a fallu la supplier pour qu'elle nous permît de respirer encore l'air vivifiant du soir, au lieu de nous enfermer dans ces maisons étroites où l'on suffoque... Toute l'existence sociale est ainsi faite, Valentin ; on néglige les dons de Dieu, pour se soumettre à une gêne perpétuelle, à des lois despotiques dont la sagesse échappe parfois...

— Le monde n'est pas astreint à des règles aussi rigoureuses que ce couvent, ma chère Marie, dit Norbert avec un sourire ; cette servitude dont vous vous plaignez n'existe plus hors l'enceinte de ces murailles...

— Le croyez-vous réellement, Valentin ? demanda Antonia en appuyant son front sur sa main ; on m'a dit au contraire qu'une jeune fille faible et ignorante comme moi était soumise à une foule de devoirs dans le monde ; qu'elle ne pouvait faire un pas, prononcer un mot sans éveiller la malignité ; qu'on l'entourait de pièges, qu'on s'efforçait sans cesse de la tromper, et que si elle péchait par simplicité ou par présomption, on était sans pitié pour elle...

—On vous a exagéré les dangers, Marie, quoique, je l'avoue, dans l'état actuel de nos mœurs, la position d'une jeune fille sans famille soit particulièrement difficile... Mais, ajouta Valentin plus bas, qui vous dit, ma chère Marie, que vous ne soyez pas à la veille de posséder les avantages qui sont les premières conditions de bonheur dans la société ?... Je ne voudrais pas toucher trop tôt certaines cordes douloureuses... Mais pourquoi vous cacher que dans quelques jours peut-être, votre famille...

— Ne parlez pas de cela, dit Antonia en frissonnant, ne me rappelez pas d'horribles souvenirs, si vous voulez que je conserve ma raison !

— Laissons-donc ce sujet, reprit Valentin avec un soupir, mais ignorez-vous, Marie, comment, à défaut de parents, une jeune fille telle que vous peut s'assurer un protecteur ? Elle peut, par exemple, devenir la compagne d'un homme qui l'aime...

— Je sais cela, répéta la pensionnaire en rougissant, et cette association bénie de Dieu s'appelle le mariage... Mais ce bonheur n'est pas fait pour moi !

— Et pourquoi donc, chère Marie ?

—Qui voudrait unir son sort au mien?... Je n'oublie pas quelle immense différence subsiste entre moi et les autres femmes !...

— Certainement, ces idées ne sont pas de vous, Marie ; vous êtes dupe de quelque insinuation mal comprise, de quelque délicatesse exagérée... Je saurai quel est le démon cruel ou plutôt le conseiller maladroit qui se plaît à vous peindre la société sous les plus noires couleurs, à jeter le voile de la misanthropie sur votre âme douce et bienveillante... Marie, malgré votre angélique candeur, n'avez-vous pas deviné qu'il est un homme qui, dans toutes les circonstances où vous pourriez vous trouver placée, serait heureux et fier d'unir son sort au vôtre ?

— Et cet homme, c'est vous, Valentin ? dit la jeune fille avec enthousiasme. Oh ! je le sais, vous êtes plein de dévouement ; et vous me sacrifieriez toutes les lois, toutes les prescriptions de ce monde tyrannique... Mais moi, à mon tour, je ne devrais pas accepter ce sacrifice dont vous vous repentiriez plus tard.

— Il est donc vrai ! s'écria Norbert, on a faussé sa raison en voulant peut-être l'éclairer... Marie, continua-t-il avec chaleur, je vous ai aimée dès votre première enfance, alors que j'étais comblé des bienfaits de votre famille... vous craignez de revenir sur cette époque éloignée ; mais plus tard, bientôt sans doute, vous me comprendrez... Cette affection prit une nouvelle forme quand je vous retrouvai si malheureuse et si touchante sur le Montcalm... et aujourd'hui, en vous voyant ornée de tous les dons précieux, de toutes les grâces de la femme civilisée, en même temps que vous avez conservé les bons et généreux instincts de votre nature primitive, vous êtes à mes yeux l'idéal de la perfection humaine... Marie, si vous consentiez à être ma compagne, je vous devrais le bonheur de ma vie !

— Cela est-il bien vrai, Valentin ?

— J'en atteste Dieu, qui nous entend !

Antonia se leva, une exaltation singulière brillait dans ses yeux. Elle posa une de ses mains sur l'épaule de Norbert et elle étendit l'autre vers la campagne.

— Eh bien, partons, dit-elle.

— Où irons-nous, Marie ?

— Au Montcalm ou dans quelque solitude plus profonde encore... Je connais des retraites impénétrables ; je vous conduirai... Nous nous cacherons et nous vivrons heureux... Là on ne pourra vous poursuivre, vous faire entendre des reproches. Ne tardons pas davantage, partons...

Elle avait retrouvé cette farouche énergie, cette impétuosité qui la caractérisaient à une autre époque. Valentin resta immobile.

— Pauvre enfant ! murmura-t-il, vous ne soupçonnez même pas combien ce projet est insensé !...

— Et pourquoi cela, Valentin ? reprit-elle avec confusion en se rasseyant ; n'ai-je pas lu dans ces histoires de saints que me font lire les bonnes sœurs, comment des ermites se retiraient ainsi dans le désert pour fuir le siècle et se livrer librement à la contemplation de Dieu ?...

Valentin n'essaya pas davantage de faire sentir à Antonia l'absurdité de sa proposition ; il aima mieux avoir l'air de caresser les chimériques espérances de cette âme si cruellement blessée.

— C'est là un parti extrême, dit-il doucement, et il ne faut pas se hâter de l'exécuter... Votre sort va changer bientôt ; qui sait si vos idées ne changeront pas avec lui ? Encore un peu de patience. Songez que notre fuite affligerait profondément le vénérable abbé Norbert, qui nous aime tant l'un et l'autre... C'est de vous, de vos intérêts qu'il s'occupe en ce moment ; n'y aurait-il pas lâcheté à profiter de son absence pour l'abandonner ?

— En effet, Valentin, reprit la jeune fille avec accablement, je sais ce que je dois à votre digne oncle et à vous ; aussi, ai-je pensé à mettre enfin un terme à ces sacrifices si longs, si pénibles, si constants...

— Marie ! Marie ! interrompit Valentin avec force, j'exige que vous m'appreniez qui a pu vous présenter la conduite de mon oncle et la mienne sous un pareil jour... je vous adjure de me dire la vérité. Il est une personne ici à qui vous avez accordé votre confiance, à qui vous avez demandé des avis ; faites-la moi connaître. Je veux savoir...

La jeune fille ouvrait la bouche pour répondre, quand Ursule reparut.

— Mademoiselle, dit-elle avec aigreur, il m'est impossible d'attendre davantage.., la nuit est close et l'orage imminent.... Monsieur Norbert ne voudra pas m'obliger à aller prévenir madame la supérieure de sa présence ici ; il devrait depuis longtemps déjà avoir quitté le couvent, et mon indulgence m'attirera peut-être une réprimande.

Valentin se leva à regret.

— Je vais partir, répondit-il ; nous reprendrons demain cette conversation.... Marie, je veux connaître à tout prix la conseillère inexpérimentée qui vous instruit si mal des choses de la vie... En attendant, promettez-moi d'être calme ; promettez-moi surtout de ne plus vous abandonner à ces idées funestes qui vous présentent la solitude et ses horreurs comme votre seul refuge, votre seul espoir.

— J'essaierai de les chasser, Valentin, mais parfois ma raison fléchit, et alors...

— Monsieur Norbert ! dit la religieuse presque avec menace.

— A demain donc, murmura Valentin en pressant la main de la jeune fille contre ses lèvres.

Et il s'éloigna, entraîné plutôt que conduit par la sœur Ursule. Deux ou trois fois il se retourna pour voir encore la pensionnaire, dont les vêtements blancs tranchaient dans l'obscurité; mais bientôt la porte extérieure du couvent se referma sur lui.

Sœur Ursule se hâta de revenir vers Antonia, qu'elle trouva sombre et pensive à la même place.

— Mademoiselle, demanda-t-elle avec inquiétude, vous ne lui avez pas, j'espère, parlé de moi ?

— Non, ma sœur ; je me suis bien gardée de lui nommer l'amie inconnue qui a eu pitié de mon ignorance... Il se fût irrité contre vous, et son mécontentement est un grand malheur !

— C'est bien, car vous m'eussiez fait cruellement repentir de cette aveugle affection que je vous porte... En récompense de votre discrétion, apprenez que tout est prêt pour votre fuite... Cet homme, continua-t-elle en désignant le pêcheur dont le bateau était amarré au mur de la terrasse, vous conduira pendant la nuit dans les montagnes, et demain, au jour, vous pourrez être sur votre cher Montcalm... Peut-être fais-je mal, ajouta-t-elle d'un ton hypocrite, mais j'ai eu pitié de vos larmes, de votre désespoir... Partez-donc, et que ne puis-je vous suivre moi-même pour passer ma vie dans une solitude complète, en m'occupant de mon salut!

La jeune fille l'écoutait d'un air embarrassé.

— Ursule, répondit-elle, je vous remercie de votre amitié; mais... je ne veux plus partir!

— Serait-il possible, mademoiselle? reprit la religieuse avec étonnement; hier, ce matin encore, ne m'avez-vous pas assuré que cette existence monotone vous était insupportable, que vous mourriez d'ennui et de chagrin dans cette maison, si je ne vous facilitais les moyens d'en sortir ?

— C'est vrai, ma chère sœur ; mais ici, tout à l'heure, Valentin m'exhortait à prendre patience... Je dois attendre un évènement encore inconnu qui va changer mon sort... Il espère... enfin je lui ai promis d'attendre et je ne désobéirai pas à Valentin.

— Avez-vous donc oublié le résultat de nos conversations depuis huit jours? Dans l'intérêt de ce jeune homme comme dans le vôtre, il faut ne plus le voir.... Ses assiduités ici sont inconvenantes ; nos dames s'en montrent déjà scandalisées... Quant à lui, il néglige ses devoirs pour vous, et s'il se décidait à vous épouser, il vous entraînerait dans un abime où vous vous perdriez tous les deux !

Antonia ne comprenait pas parfaitement les raisons d'Ursule, et c'était ce qui les rendait surtout redoutables. Elle sentait seulement que Valentin pouvait être malheureux, et malheureux par elle.

— En êtes-vous sûre, ma sœur ? demanda-t-elle d'une voix étouffée ; aurais-je vraiment une influence aussi funeste sur la destinée de Valentin, mon premier bienfaiteur, mon premier ami ? Il prétend au contraire...

— Vous m'avez demandé la vérité, mademoiselle, et je vous l'ai avouée franchement... Oui, si M. Valentin Norbert, parvenu jeune encore à un poste éminent, s'unissait à une femme sans nom, sans fortune et dont l'existence présenterait d'aussi bizarres circonstances que la vôtre, il s'exposerait à attirer sur lui un blâme universel.

— Il ne me disait pas cela tout-à-l'heure.... Ursule, si vous l'aviez entendu !... Il promettait de s'enfuir avec moi sur le Montcalm !

— Avez-vous pu croire à la sincérité d'une semblable promesse ? M. Norbert vous a traitée comme une enfant dont on flatte les caprices, lors même qu'on se trouve dans l'impossibilité de les satisfaire... Lui! vous suivre sur le Montcalm pour mener la vie sauvage!... C'est du délire, de la folie! et si sa tendresse pour vous pouvait jamais le décider à une pareille absurdité, il deviendrait aux yeux de tous un objet de dégoût et de mépris.

— Il me suivrait, Ursule, je vous dis qu'il me suivrait! s'écria Antonia avec égarement.

Elle resta quelques instants plongée dans ses réflexions. Une lutte violente semblait s'opérer dans son âme; son sein palpitait, la sueur perlait sur son front; enfin elle se leva brusquement.

—Pardonnez-moi, ma sœur, reprit-elle ; je suis une pauvre créature disgraciée, incapable de se conduire elle-même... Je ne dois pas me fier à mes propres impressions ; j'aime mieux vous croire, vous si expérimentée et si compatissante... Eh bien ! donc, Ursule, je m'abandonne à vous... Et puisque pour Valentin, pour moi, je ne dois pas rester ici davantage, conduisez-moi, je suis prête...

Une joie sombre se manifesta sur les traits flétris de la religieuse. Elle prit la main d'Antonia et voulut l'entraîner vers une porte dérobée qui donnait sur la rivière.

— Mais, reprit la jeune fille en s'arrêtant

tremblante, s'il allait encore m'accuser d'ingratitude, me maudire?...

— Vous aurez la conscience de vous être dévouée pour lui.

— Mais je ne le verrai plus !

—Vous le verrez au ciel, où se réunissent ceux qui ont été séparés sur la terre.

Si cette crédulité de l'innocente Antonia semblait invraisemblable au lecteur, nous lui ferions remarquer que la malheureuse enfant avait les idées les plus incomplètes sur la société. Etrangère à la ruse, elle était dupe de la première personne artificieuse qui se donnait la peine de la tromper.

Ursule ouvrit la porte, dont elle avait la clef ; le pêcheur paraissait dormir au fond de la petite embarcation ; mais au bruit qu'elles firent, il se redressa vivement.

— Est-ce toi, Rosita ? demanda-t-il en Catalan.

— C'est moi, répliqua la sœur converse de même.

— Et as-tu réussi ?

— Je te l'amène...

L'inconnu étouffa un éclat de rire.

— Bien, bien, *Rosita mia,* reprit-il ; tu peux être sûre maintenant que je n'irai pas conter à la supérieure ce que tu as fait de ton premier enfant, quand tu étais des nôtres... Ensuite, si un jour ou un autre tu t'ennuies d'être dévote, reviens à nous; tu trouveras encore des amis.

— Tais-toi, Biroben, dit sœur Ursule d'une voix sourde ; ce que je désire, c'est de ne te revoir jamais, toi et les tiens... Je n'aurai pas assez de toute ma vie pour pleurer la faute que je commets cette nuit !

— Tu es devenue bien timorée en devenant vieille et laide, ma chère Rosita ; mais c'est ton affaire... Ah çà, tu n'oublieras pas les précautions dont nous sommes convenus ?

— Je suis plus intéressée que toi à cacher la vérité. Ne crains rien... Les confidences que la petite a faites ce soir à l'un de ses protecteurs rendront plus croyable encore le bruit que nous voulons accréditer...

Puis elle se tourna vers Antonia, qui était entrée machinalement dans la barque.

— Ayez confiance en cet homme, dit-elle en français; il vous servira de guide jusqu'à ce que vous soyez loin de la ville. Adieu, mademoiselle; n'oubliez jamais de prier, et priez pour moi!

— Je prierai pour *lui!* dit Antonia avec solennité; que le reste du monde n'attende de moi ni un soupir ni un regret!

Elle se cacha le visage dans ses deux mains, et la barque s'éloigna.

Ursule la suivit des yeux jusqu'à ce qu'elle eut atteint le bord opposé. Antonia et Biroben mirent pied à terre près d'un bouquet de saules. Un moment après, une mule, avec un cacolet soigneusement couvert d'une draperie, sortit du massif; le bohémien la conduisait par la bride; tout disparut bientôt dans les ténèbres.

Alors Ursule referma la petite porte, remonta sur la terrasse, alla chercher dans le pavillon quelques effets d'Antonia qu'elle jeta dans l'eau ; puis, poussant des cris déchirants, elle courut annoncer aux religieuses que la pensionnaire Marie avait trompé sa surveillance et s'était précipitée dans la rivière pour retourner à la vie sauvage.

Le lendemain matin Valentin Norbert arriva de bonne heure au couvent. Son visage était radieux et il tenait à la main une lettre qu'il venait de recevoir. On le conduisit à la supérieure, qui l'aborda avec un extrême embarras.

— Vous venez voir la pensionnaire Marie? balbutia-t-elle.

— Il n'y a plus de pensionnaire Marie, madame, dit Valentin incapable de contenir sa joie; celle à qui vous donniez ce nom s'appelle Antonia de Villaréal... Elle peut désormais avouer la noble famille dont elle est l'héritière. Son oncle et son tuteur l'a enfin reconnue par un acte en bonne forme que voici... Je viens lui apprendre cet heureux changement.

— Quoi! s'écria la supérieure, cette fille mystérieuse aurait une grande fortune, une haute naissance ? Ah! monsieur Norbert, quels reproches vous allez nous adresser! et cependant Dieu m'est témoin...

— Qu'est-il donc arrivé, madame?

La supérieure lui apprit l'évasion de la nuit précédente. Un fichu appartenant à la jeune fille avait été retrouvé dans la rivière, et confirmait l'exactitude de son récit. Valentin fut plus affligé que surpris de cette nouvelle.

— J'aurais dû me douter hier, en la voyant si agitée, qu'elle ne tiendrait pas sa parole, s'écria-t-il. Mais il n'importe... on peut sans doute encore l'atteindre. J'y parviendrai ou je mourrai à la peine.

Un quart d'heure après, il était à cheval et galopait avec ardeur vers les montagnes.

VI.

La Confession du meurtrier.

Pendant cette soirée où la crédule Antonia quittait furtivement le couvent de Sainte-Marie, la Saltarella et sa fille Zerbine étaient assises dans une salle basse de la Maison-Romaine. La nuit était sombre, et l'orage qui se préparait depuis quelques heures venait d'éclater avec violence.

Cette salle, inhabitée depuis longtemps, aux murailles vertes et humides, avait un aspect désolé. Les vitres des fenêtres étaient cassées en partie, et le vent, en s'engouffrant dans ces ouvertures béantes, menaçait d'éteindre la chandelle de résine qui éclairait les deux bohémiennes.

La Saltarella, enveloppée dans sa mante, les bras croisés sur sa poitrine, tressaillait chaque fois que la tempête, redoublant de violence, arrachait au vieil édifice de longs et lugubres gémissements. Peut-être alors les affreux souvenirs qui se rattachaient à la Maison Romaine se représentaient-ils à sa mémoire, car elle regardait en frissonnant autour d'elle. Zerbine, au contraire, n'avait jamais été aussi calme et aussi gaie. Elle travaillait avec beaucoup d'ardeur à une robe de gaze, surchargée de clinquant et de fleurs artificielles. Fière de son ouvrage, elle s'interrompait de temps en temps pour l'admirer. Tout en travaillant, elle chantait; et quand le bruit de la pluie, du tonnerre et du vent cessait par intervalles, ces notes vives et folles s'élevaient seules au milieu du silence de la maison. Deux ou trois fois sa mère, obéissant peut-être à un sentiment superstitieux, ouvrit la bouche pour l'inviter à se taire ; mais soit crainte de voir sa volonté méconnue, soit tout autre motif, elle se taisait et détournait la tête.

Montès entra une lanterne à la main.

— On chante ici, dit-il d'une voix sourde, et on travaille paisiblement, comme une dame châtelaine pendant une veillée!... Heureusement la tempête étouffe le bruit de la chanson et les éclairs empêchent de distinguer la lumière du dehors ; car j'ai défendu de faire aucun bruit, de trahir par le moindre indice notre présence ici... Cette maison doit paraître inhabitée comme autrefois, et si j'étais en humeur de gronder... Enfin ces précautions et ces inquiétudes vont avoir leur terme. Prépare-toi, la Saltarella, à partir cette nuit avec ta fille. Je viens de recevoir la nouvelle que les routes étaient libres enfin ;

vous pourrez passer la frontière sans difficultés... Vous partirez aussitôt que Biroben sera arrivé, et s'il doit venir, il ne peut tarder maintenant.

— Montès, demanda timidement la bohémienne, ne nous accorderez-vous pas jusqu'à demain ? La nuit est bien noire et l'orage va rendre les chemins impraticables !

— Plus la nuit sera noire, plus les chemins seront dangereux, moins vous aurez à craindre d'être observées et reconnues.. Votre séjour ici ne saurait se prolonger davantage. Déjà des gens du voisinage ont été étonnés de voir de la fumée sortir par les cheminées de cette maison que l'on croit abandonnée. Si l'on venait à découvrir notre présence, on pourrait faire des suppositions fâcheuses... Enfin, je le veux !

— Montès, je ne redoute rien pour moi-même, vous le savez. Mais ma fille, ma pauvre Zerbine...

— Zerbine est forte et courageuse.... d'ailleurs, vous serez en cacolet, sur une bonne mule, et Biroben vous servira de guide.

—Moi, je partirai volontiers, dit la jeune fille avec insouciance, car je m'ennuie fort dans cette vieille masure où l'on ne voit personne... Mais je veux terminer ma robe… Il faudra bien que je fasse honneur à Biroben quand nous paraderons sur les places dans sa belle voiture !

Et elle continua de travailler avec ardeur.

— Montès, reprit la Saltarella après un moment de silence, ne m'aviez-vous pas promis de nous accompagner vous-même jusqu'à la frontière ?

— En effet, je vous l'ai promis et je tiendrai ma promesse ; mais nous ne pouvons quitter ensemble la maison… vous irez m'attendre à la Croix-du-Pasteur et je vous rejoindrai bientôt.

— Pourquoi ne partirions-nous pas tous ensemble, Montès ?

— Paix ! interrompit Villaréal rudement ; depuis quand, la Saltarella, ai-je besoin de te rendre compte de mes projets ? Ne sais-tu pas, ajouta-t-il plus bas, que je dois voir quelqu'un ici ce soir ?

— Vous devez voir... quelqu'un ? demanda la bohémienne avec étonnement.

— Eh ! oui, dit Zerbine étourdiment, cette fille sauvage que Biroben est allé chercher... *Demonio !* je profiterai de cette occasion pour faire connaissance avec elle. Biroben prétend qu'elle est plus belle que moi, qu'elle sait mieux chanter et danser.. Oui, je la verrai, et si ce maudit charlatan s'est moqué de moi, je me vengerai !

Le visage de Montès s'était contracté.

— Biroben t'a parlé d'*elle ?* dit-il en serrant les poings, il a osé...

— Pourquoi pas ? répliqua Zerbine sans s'émouvoir.

— Le stupide coquin ! continua Villaréal avec colère, il n'a pu garder le secret sur son importante mission, et c'est à cette enfant intraitable qu'il va faire de pareilles confidences ! Mais, patience ! Dès qu'il ne me sera plus nécessaire... Enfin n'en parlons plus, ajouta-t-il durement ; rien ne peut empêcher maintenant ce que j'ai résolu, si Biroben a réussi, et il a réussi certainement... Mais il me reste bien des choses à préparer avant son arrivée.

Il prit sa lanterne et il se dirigea vers la porte. Là il s'arrêta avec hésitation, puis se retournant vers la bohémienne :

— Décidément, la Saltarella, dit-il, j'aurai besoin de toi pour m'éclairer... Suis-moi.

— Où donc? demanda la mère de Zerbine en se levant.

— Dans les appartements d'en haut.

La Saltarella fut prise d'un léger tremblement.

— Quoi! Montès, vous auriez le courage, à cette heure, par ce terrible orage...

— Les appartements d'en haut! répéta Zerbine avec vivacité; *Demonio*! je vous accompagnerai. Depuis que je suis ici, je n'ai pu visiter encore ces chambres qu'on dit si belles et si bien ornées.

— Non, non, ma fille, s'écria la gitana avec terreur en se plaçant devant elle, tu ne sais pas ce que tu demandes... Je te supplie...

Zerbine fronça le sourcil comme il lui arrivait à la moindre contrariété.

— Eh quoi! petite, dit Montès, tu vas partir dans quelques heures et tu laisserais cette charmante robe inachevée? Ce serait dommage.

— Au fait, c'est juste, répliqua la capricieuse jeune fille, je vais attacher ma guirlande, puis je vous rejoindrai; ce sera l'affaire d'un instant.

Elle reprit son travail et sa chanson.

La Saltarella regardait Montès, ne comprenant pas cette étrange complaisance; mais tout lui fut expliqué quand Villaréal, après l'avoir poussée hors de la salle, ferma la porte derrière eux et tourna deux fois la clef dans la serrure.

— De cette façon, dit-il avec humeur, ta fille endiablée ne pourra venir nous déranger; sa présence gâterait tout.

— Elle va être furieuse quand elle s'apercevra qu'on l'a enfermée, et alors...

— Eh bien, que fera-t-elle? La porte est en chêne, de trois doigts d'épaisseur, les murailles sont solides et les fenêtres munies de bons barreaux de fer. Force lui sera bien d'attendre que nous ayons terminé nos affaires... Allons, ajouta Montès d'un air brutal, laisse-moi en repos avec ta fille; j'ai bien d'autres soucis en tête. Je ne serai content que lorsque je serai débarrassé à tout jamais de cette sotte créature. Ce sera bientôt, je l'espère.

Ils montèrent le large escalier de pierre qui conduisait à l'étage supérieur. Le bruit de leurs pas éveillait un écho funèbre, et la lanterne projetait sur les murailles dégradées des ombres gigantesques. La Saltarella avait peine à marcher, des gouttes de sueur froide coulaient sur son visage. Villaréal lui-même, malgré ses efforts pour se contenir, semblait sous l'impression d'un véritable effroi.

Ils s'arrêtèrent devant une grande porte à deux battants. Au-dessus de la serrure, on apercevait encore les cachets de cire rouge qui y avaient été apposés par la justice, le lendemain du meurtre épouvantable que nous connaissons.

Villaréal frissonna à ce souvenir, et quand il éleva la main pour ouvrir, cette main tremblait visiblement. La serrure rouillée résista longtemps ; enfin Montès fit un effort désespéré, et la porte, tournant tout à coup snr ses gonds, laissa passer un courant d'air nauséabond et glacial.

Cependant la Saltarella et son guide restaient immobiles, n'osant pénétrer dans le grand salon de la Maison-Romaine.

— C'était donc là? murmura la bohémienne.

— C'était là !

Et ils restaient toujours comme cloués au seuil.

— Tu es vraiment folle ! reprit enfin Villaréal avec colère.

Il entra d'un pas saccadé, et la Saltarella

le suivit. Arrivé au milieu de la pièce, Montès déposa sa lanterne sur une table; puis, portant la main à sa poitrine, où il avait caché une arme, il se décida à jeter un lent et timide regard autour de lui.

Cette salle était meublée comme au temps de ses anciens maîtres. Près de la fenêtre, un guéridon en marqueterie était placé devant un ample et moelleux fauteuil; sur ce guéridon se trouvaient encore des lambeaux de broderie commencée et les divers petits objets qui décèlent une femme. C'était en effet la place où s'asseyait jadis la belle madame de Villaréal.

Un peu plus loin, on apercevait de petites chaises d'ébène destinées aux jeunes enfants, et un secrétaire d'acajou, aux incrustations de cuivre, sur lequel Fernand de Villaréal avait l'habitude d'écrire les quittances de ses fermiers. Cependant, une personne instruite du terrible drame dont cette salle avait été le théâtre, eût pu encore facilement en découvrir les traces. Le secrétaire était fracturé ; le tapis semblait avoir été déchiré et tordu en plusieurs endroits par un trépignement de pieds. Près d'une porte latérale, on distinguait sur la laine, représentant en brillantes couleurs des fleurs et des oiseaux, deux larges taches noirâtres : ces taches étaient du sang.

Tout cela, vu à la pâle lueur de la lanterne qui éclairait vivement certaines parties du tableau, laissant les autres dans la pénombre, avait un aspect des plus lugubres. Une vaste glace à moitié dépolie reflétait tristement un rayon égaré de la lumière ; mais les candélabres dorés et la pendule de Boule qui ornaient la cheminée, couverts de poussière et de vert-de-gris, ne conservaient plus aucun éclat métallique. Les tentures, rongées par l'humidité, pendaient en lambeaux le long des murailles. L'orage, qui grondait toujours au dehors, ajoutait son horreur à celle de ce lieu sinistre, où l'on eût cru sentir encore une odeur de carnage ; et quand un éclair, pénétrant à travers les vitres, jetait sa clarté bleuâtre et rapide dans le salon, des formes mystérieuses et menaçantes semblaient se dresser de toutes parts autour des profanateurs.

Cependant à mesure que Montès examinait ces funèbres détails, son émotion première semblait se dissiper. Peu à peu sa taille s'était redressée ; une vive rougeur colorait ses joues, ses yeux brillaient.

— Oui, oui, dit-il enfin avec un sourire sardonique, ce n'était que justice... ils devaient expier leur insolent bonheur... C'était justice... justice !

— Prenez garde, murmura la Saltarella en se pressant contre lui, ce n'est pas ici le lieu et l'heure de récriminer contre les victimes !

— Si tu as peur, va-t'en... Pour moi, je n'ai pas craint les vivants ; les morts ne me font pas peur.

Et il regarda de nouveau autour de lui d'un air de défi. La Saltarella n'osait plus ni parler, ni se mouvoir, ni même respirer.

— Tu ne sais pas, reprit Montès en s'animant de plus en plus, à quelles horribles tortures m'a condamné pendant trente années de ma vie l'incessante prospérité de cet odieux Fernand ? Tu ne sais pas quel volcan de haine et de colère grondait dans ma poitrine avant l'éruption ? Ecoute, continua-t-il en se jetant sur un siége, toutes mes souffrances sont encore présentes à ma mémoire, comme si je les avais ressenties hier seulement... Quand nous étions enfants, mon père avait pour Fernand d'injustes préférences ; on négligeait mon éducation pendant qu'on lui donnait toutes les connaissances, tous les talents. Plus tard, en qualité d'aîné, il prit le titre de la famille pendant que j'étais obligé de me contenter de ce nom obscur de Montès ; il hérita tous les biens de notre riche maison, pendant que j'étais réduit à une modique dot, à peine capable de me faire vivre misérablement. Notre père mort, j'achetai une compagnie dans un régiment espagnol ; mais bientôt un duel avec un de mes supérieurs, que je laissai mort sur la place, me força à me cacher. Par je ne sais quel sentiment d'hypocrisie, le chevalier voulut me donner asile jusqu'à ce que l'affaire fût arrangée, et à force de démarches il parvint enfin à l'assoupir. Nous vécûmes alors en apparence sur un pied d'intimité ; mais en réalité il m'accablait sans cesse de sermons à propos de quelques escapades de jeunesse qui ne méritent pas la peine d'être rapportées. Sur ces entrefaites, je rencontrai un jour, à Séville, où nous demeurions, une riche et belle personne dont je devins éperdûment amoureux. Mon frère la vit, l'aima, et n'eut pas de peine à m'évincer... C'était Maria, cette divine Maria, pour qui j'eusse été capable des plus grandes actions, comme des plus grands crimes !

Il s'interrompit suffoqué par la rage à ce souvenir. La Saltarella, les yeux humides, lui dit d'un ton de reproche mélancolique :

— Vous me m'aviez jamais parlé de cela, Montès ! vous m'aviez assuré au contraire que moi seule...

— A quoi bon parler de cet amour qui se changea si vite en haine furieuse ? dit brusquement Montès, le jour de leur mariage, je voulus les tuer l'un et l'autre ; ils me connaissaient, ils s'enfuirent ; j'acquis bientôt la certitude qu'ils avaient quitté l'Espagne. Pendant plusieurs années je ne pus parvenir à découvrir leur retraite. De nouvelles fautes, des crimes peut-être, me forcèrent encore une fois à abandonner mon régiment, à m'expatrier; je vins me cacher dans ces montagnes. Là, j'appris que mon frère, toujours riche, heureux, considéré, était établi avec une belle et nombreuse famille, à quelque distance de Foix. Sans doute le temps avait affaibli ma colère à cette époque, car je ne songeai pas d'abord à ma vengeance, j'errai dans ce pays, inconnu, vivant comme je pouvais de chasse et de contrebande. Ce fut alors que je te rencontrai, la Saltarella, et je m'attachai à toi...

— Oh! je n'ai rien oublié non plus, Montès! dit la bohémienne d'une voix gémissante; dans votre abaissement quelle autre femme aurait pu vous aimer, vous obéir aveuglément, se dévouer pour vous comme la Saltarella ? Et pourtant, quelle a été ma récompense ? Peu de temps après mes couches, vous m'abandonnâtes sans pitié avec mon enfant !

— J'étais retourné en Espagne, malgré les dangers qui m'y attendaient, la misère m'était devenue insupportable, et je comptais implorer la générosité d'un parent riche qui m'avait autrefois témoigné quelque intérêt... J'eus le malheur d'être arrêté, jeté en prison. Je parvins enfin à m'échapper, mais en arrivant ici j'acquis la certitude que mon parent était mort, et que sa succession venait encore de passer dans les mains de mon exécrable frère ; ce fut le dernier coup.

— Oui, je me souviens encore de l'état affreux où je vous vis ! Je courais alors le pays avec la bande de Biroben ; les gitanos m'avaient accueillie comme une sœur, m'avaient protégée moi et ma pauvre Zerbine. Par un reste d'affection, ou par habitude peut-être, vous allâtes demander de mes nouvelles à la ferme où j'avais été élevée. Le bonhomme Giuseppe Esterle, en me retrouvant si malheureuse, m'avait presque pardonné ma faute passée ; il m'avait récemment accordé quelques secours. Quand il vous vit, il devina qui vous étiez ; dans sa généreuse indulgence, il crut que vous reveniez à moi, que vous alliez désormais vous occuper de mon sort et de celui de mon enfant: il m'envoya chercher à la grotte de Bédaillat, où la tribu était alors campée. Je me mis en marche aussitôt ; j'étais joyeuse et fière de votre retour ; le passé était oublié ; mon cœur battait à la pensée de vous présenter notre chère petite Zerbine. J'arrivai haletante... votre abord me glaça. Le visage pâle et défait, les yeux hagards, les cheveux en désordre, les vêtements en lambeaux, vous étiez assis au coin du feu. A peine jetâtes-vous sur moi et sur votre enfant un regard distrait. Nous n'eûmes pas de vous un mot affectueux, une caresse...

— Juge donc combien je souffrais!... Je

venais d'apprendre le nouveau bonheur de mon frère !

— L'honnête fermier, plus compatissant que vous, me fit prendre place au foyer m'apporta un peu de nourriture. Comme vous ne disiez rien, il me questionna avec bonté ; il me demanda, entre autres choses, de quel côté devait se diriger la bande de Biroben. Je répondis qu'elle comptait se rendre à Foix et qu'elle irait le soir réclamer l'hospitalité à la Maison-Romaine. Ce nom de Maison-Romaine vous fit tressaillir ; vous vous levâtes, et nous sortîmes, tandis que Giuseppe jouait avec Zerbine.

« — La Saltarella, me dites-vous d'un

ton auquel je n'ai jamais osé résister ; je veux me joindre aujourd'hui même à la bande de Biroben... Tu m'en fourniras les moyens.

« Je répondis que rien n'était plus facile, que vous n'aviez qu'à me suivre, et que certainement on vous accueillerait bien.

« — Non, me dîtes-vous après un moment de réflexion, tu ne dois pas venir avec moi ; ta présence me gênerait pour ce qui me reste à faire... tu me rejoindras demain avec ta fille, et nous ne nous quitterons plus.

« Vous ne m'aviez pas caché que vous étiez le frère du maître de la Maison-Romaine ;

seule au monde je connaissais ce secret. Je crus que vous désiriez pénétrer dans la maison pour voir M. de Villaréal, pour invoquer sa pitié... Je vous instruisis donc de ce que vous deviez dire pour vous faire bien venir de Biroben et des gens de sa tribu ; je vous indiquai où vous pourriez les rencontrer, et vous vous préparâtes à partir sur-le-champ.

« Quand nous rentrâmes dans la maison, le fermier nous observait curieusement comme s'il eût cherché à deviner l'objet de cette conversation. Sans lui adresser aucun remercîment pour son hospitalité, vous ramassâtes dans le foyer deux ou trois charbons afin de vous noircir les mains et et le visage.

« — La Saltarella, me dîtes-vous à l'oreille, si ici ou là-bas on te demande mon nom, tu répondras que je m'appelle le *charbonnier.*

« Puis, après m'avoir recommandé d'être attentive à ce qui se passerait dans le pays jusqu'au lendemain, vous vous mîtes en route.

« Moi, je couchai à la ferme, et ma nuit fut tranquille ; j'eus de beaux rêves où nous étions tous comblés de biens et de joies. Un peu avant le jour, je partis pour la Croix-du-Pasteur où vous m'aviez donné rendez-vous. Je portais sur mes épaules Zerbine encore endormie, et cependant comme je marchais avec courage ! Bien avant d'arriver à la Croix, je rencontrai deux hommes de la bande fuyant de toute leur vitesse. En me reconnaissant ils vinrent à moi et voulurent m'entraîner. Je les accablai de questions ; ils m'apprirent en peu de mots ce qu'ils savaient... je devinai le reste. Mais ce fut vainement que les deux gitanos me pressèrent de revenir sur mes pas ; pleine de confiance dans votre promesse, je les quittai et je me rendis au lieu indiqué. Je vous attendis vainement pendant plusieurs heures. Il fallut enfin songer à ma sûreté ; je retournai demander asile à cet honnête fermier dont l'indulgence pour moi était inépuisable ; il ne me repoussa pas ; pendant plus d'un mois, il me tint cachée dans sa maison, à l'abri de toutes les recherches. »

—Et tu ne le récompensas pas de son dévouement, bonne Saltarella ? demanda Montès avec ironie ; je crois pourtant que le vieil imbécile s'était pris autrefois d'une belle passion pour toi... Mais au fait, ce ne sont pas mes affaires ! Seulement ce Giuseppe doit connaître certains secrets dangereux à porter.

—Il ne vous a pas trahi, il ne vous trahira jamais ! dit la bohémienne avec feu ; Montès, je réponds de lui comme de moi-même. Quant à vos indignes soupçons...

— Eh! laissons là mes soupçons, pleurnicheuse stupide! interrompit Villaréal avec impatience; je m'inquiète bien de ces fadaises. Mais tes souvenirs ont ranimé les miens, et je veux te conter aussi comment je passai cette nuit où tu fis de si beaux rêves...

— Non, non, taisez-vous, Montès... pas ici, pas en ce moment... ce serait tenter Dieu!

— Allons donc! reprit le capitaine en se renversant dans son fauteuil; tu ne sais pas, Saltarella, avec quel orgueil je songe à cette heure de vengeance, après tant d'années de souffrances et de misères !... Ecoute : Biroben et sa bande m'avaient accueilli avec indifférence, car je n'attendais rien d'eux et ils n'avaient rien à attendre de moi. Le soir nous vînmes ici demander l'hospitalité. Nous fûmes bien reçus et on nous plaça dans cette même salle basse où se trouve Zerbine en ce moment. On nous envoya de la paille fraîche pour nos lits, des reliefs de viande pour notre souper. Les gitanos mangèrent avec avidité ; moi je ne touchai pas à ces restes tombés de la table du riche, je pensais à mes projets... Je sondai les sentiments de mes compagnons ; je leur insinuai adroitement qu'il se présentait une occasion favorable de faire un beau coup ; je leur parlai des richesses cachées à la Maison-Romaine ; mais je trouvai ces gens lâches et froids. Ils avaient tout juste assez de courage et de perversité pour être des fripons ou des maraudeurs dans l'occasion. Je résolus donc de ne compter que sur moi-même. Les gitanos, bien repus, se couchèrent sur leur paille ; quand ils furent profondément endormis, je poussai avec précaution la porte qu'on avait oublié de fermer et je me trouvai dans le vestibule.

« J'avais remarqué, en entrant, dans un enfoncement destiné à recevoir quelques outils de jardinage, une hache de bûcheron. J'allai m'en emparer en tâtonnant ; puis, armé de ce redoutable instrument, je montai le grand escalier, et j'arrivai bientôt à la porte de cette salle. J'avais cru tout le monde endormi dans la maison ; cependant un rayon de lumière s'échappait par l'ouverture de la porte entre-baillée. Un homme, assis devant le bureau, compulsait des papiers ; je le reconnus sur le champ ; c'était mon frère.

« A sa vue mon sang bouillonna, mes yeux se voilèrent, je chancelai... mais, à force de volonté, je recouvrai ma liberté d'action. Je me glissai sans bruit dans le salon ; cet épais tapis amortissait le bruit de mes pas ; j'approchai du chevalier sans avoir attiré son attention.

« Debout derrière lui et sûr qu'il ne pourrait m'échapper, je le contemplai avec une joie inexprimable. Jamais il ne m'avait paru si beau, si jeune, si heureux ! Cependant je ne frappais pas encore, je voulais savourer ma vengeance... Enfin un mouvement, peut-être le battement de mon cœur qui semblait vouloir briser ma poitrine, trahit ma présence. Il se retourna, me regarda fixement et, se levant aussitôt, il me dit d'une voix ferme :

« — Misérable ! que viens-tu faire ici ?

« Avant qu'il eût achevé ces paroles,

ma hache s'abattit sur son front nu... Il poussa un cri épouvantable, le sang jaillit jusque sur moi... »

La Saltarella, à cet endroit du récit, ne put dominer sa terreur.

— Assez, malheureux ! assez ! murmura-t-elle.

Mais le fratricide semblait se complaire dans ces effroyables détails.

— Il ne tomba pourtant pas d'abord, reprit-il ; il eut même la force de se jeter sur moi en prononçant des paroles sans suite. Mais bientôt aveuglé par son sang, étourdi du coup qu'il avait reçu, il tourna sur lui-même et s'étendit enfin à la place où tu es, la Saltarella.

Et il désigna aux pieds de la bohémienne une des taches noires du tapis. La Saltarella bondit en arrière, comme si elle eût aperçu un serpent.

— Quand je le vis par terre, tu crois peut-être que je fus satisfait? non... Au moment où il allait expirer, je me penchai vers lui, et comme il n'avait pu me reconnaître, à cause du charbon dont mon visage était barbouillé, je lui dis à voix haute :

« — Je suis Montès... je suis ton frère !...

. Cette fois la Salterella s'enveloppa convulsivement la tête dans sa mantille pour ne plus voir et ne plus entendre.

— Tu es une poltronne, reprit le terrible Villaréal avec mépris ; eh bien, tant pis pour toi... Je ne te raconterai pas comment, aux cris de son mari, la fière Maria, accourut avec ses vêtements de nuit sur le seuil de cette porte que tu vois là-bas... Elle était si belle, si belle, qu'il me fallut détourner les yeux pour la frapper ! Sur ma parole, je lui eusse fait grâce si elle eût songé à la demander !... Mais elle m'avait reconnu et elle m'accablait de malédictions... Puis j'entendis les cris des enfants, dans la chambre voisine... Qu'étaient des enfants devant ma colère ? Je saisis ma hache et je m'élançai dans la chambre. La fumée du sang m'avait déjà monté au cerveau. Quand je rentrai dans cette salle, je t'aurais fait peur, la Saltarella, oui je t'aurais fait peur, car en me regardant par hasard dans cette glace, je me fis peur à moi-même!

La pauvre gitana tremblait de tous ses membres. Le cœur de cette femme n'était pas mauvais : elle était seulement abrutie par l'ignorance et la misère. Soumise à l'influence de son séducteur, incapable de le trahir, elle ne pouvait cependant surmonter l'horreur qu'il lui inspirait. Mais le féroce Montès ne semblait même plus songer à elle.

— Rien n'est changé ici, reprit-il en regardant autour de lui ; j'aurai peu de peine à remettre les objets à la place où ils étaient pendant cette bienheureuse nuit... Ma mémoire est fidèle... Essayons ! Aussi bien l'heure presse et on peut arriver d'un moment à l'autre.

Il renversa quelques siéges, il froissa le tapis en plusieurs endroits : puis il entr'ouvrit les deux portes qui donnaient, l'une dans la chambre des petits garçons, l'autre dans celle de madame de Villaréal. Cela fait, il alluma deux bougies à demi consumées dans les candélabres de la cheminée et une troisième contenue dans un vieux chandelier d'argent. Celle-ci était brisée par le milieu, de sorte que la cire tombait goutte à goutte sur le bureau où elle était posée. Chacun de ces détails semblait avoir une signification précise.

— Oui, oui! c'est cela! reprit Montès avec complaisance, je m'y tromperais moi-même, si les deux corps étaient encore l'un ici, l'autre là... mais il *lui* suffira de voir ce salon ainsi disposé ; ses souvenirs et son imagination feront le reste!

Cependant la bohémienne, un peu rassurée par le calme apparent de Montès, suivait avec étonnement chacun de ses mouvements.

— Que voulez-vous donc faire? demanda-t-elle.

— Tu ne comprends pas?... La nuit dont je parle, une chétive créature échappa à l'extermination de toute son odieuse race... je vais achever mon œuvre.

— De qui parlez-vous, Montès? Est-ce de la jeune fille, de cette malheureuse Antonia que l'on doit amener ici cette nuit?

— C'est d'elle-même.

La Saltarella semblait attendre des explications, mais Montès ne jugea pas à propos de lui en donner.

— Voyons, reprit-il d'un air rêveur en posant le doigt sur son front, récapitulons toutes les circonstances... Figure-toi, la Saltarella, continua-t-il en s'adressant toujours à la bohémienne, plutôt pour aider le travail de sa propre mémoire que pour instruire son auditrice, figure-toi que je croyais la besogne terminée. De retour dans le salon, la pensée me vint que certaines lettres écrites par moi pouvaient me compromettre ; je forçai un tiroir du secrétaire où je ne tardai pas à les trouver. Je m'emparai de la liasse entière et je la lançai dans le feu. Ces preuves de nos relations hostiles étant anéanties, je me croyais sûr de l'impunité. Fernand n'avait parlé à personne dans le pays d'un frère dont il rougissait ; les soupçons ne pouvaient donc plus tard se porter sur moi, et la responsabilité de cette œuvre sanglante devait retomber tout entière sur ces imbéciles gitanos qui n'avaient eu le courage ni de s'associer à mon crime ni de s'y opposer. Pour rendre cette supposition plus probable, je m'emparai de l'or et des bijoux renfermés dans le secrétaire et je me préparai à quitter la Maison-Romaine.

« Tout à coup je vis cette porte qui donnait dans la chambre de Maria s'agiter faiblement, j'entendis une haleine oppressée. Quelqu'un m'avait donc épié ? Je saisis ma hache et je poussai vivement la porte. J'aperçus alors une petite fille en robe de nuit, pieds nus, immobile et comme pétrifiée à quelques pas. D'abord j'eus la pensée de l'épargner ; qu'avais je à craindre d'une enfant si jeune ? Elle ne pourrait me reconnaître plus tard quand j'aurais quitté mon déguisement. J'allais donc m'éloigner, sans daigner écraser cet humble ver de terre qui se dressait sur mon chemin, quand la réflexion vint changer ma détermination. Peut-être cette enfant était-elle là depuis le commencement de la scène, peut-être avait-elle entendu quand je me nommais à son père ou quand sa mère m'adressait de foudroyants reproches. J'ai acquis tout récemment la certitude que ces craintes étaient vaines ; mais elles n'ont pas moins troublé ma tranquillité pendant bien des années, et elles furent la principale cause de mes persécutions envers cette misérable fille.

« Mon parti pris, je m'avançai vers elle

en silence ; elle était toujours immobile, pâle, glacée, comme fascinée par mon regard. Cependant, au moment où j'allais la toucher, elle fit un bond de côté et se heurta avec violence contre l'angle de la porte. J'aperçus une large coupure à son front au-dessus de l'œil gauche. Ce fut à ce signe que je la reconnus aisément plus tard sur le Montcalm. Malgré cette blessure, elle s'élança à travers le salon avec une vitesse inconcevable, et se perdit dans l'obscurité de l'escalier.

« Je ne croyais pas qu'elle pût s'échapper car le soir un domestique avait assujetti la porte de la maison avec de lourds barreaux et d'épaisses ferrures. Mais ces stupides gitanos, en entendant un bruit effrayant au-dessus de leurs têtes, avaient ouvert cette porte pour préparer au besoin leur retraite. Ils étaient en bas de l'escalier, n'osant ni monter ni s'enfuir, et ils se consultaient entre eux, quand l'enfant, légère et silencieuse comme une ombre, passa devant eux et gagna la cour. Un jeune garçon, en l'apercevant, poussa un cri de surprise.

« Ce cri me révéla la vérité. Je me hâtai de descendre ; je trouvai les bohémiens dans le vestibule. Ils semblaient inquiets, indécis ; je craignis qu'ils n'eussent l'intention de s'opposer à ma sortie.

« — Montez, leur dis-je brusquement,

montez, camarades ; dans cette pièce où vous voyez de la lumière vous trouverez du butin... La besogne est faite.

« Et je franchis la porte avant qu'ils eussent songé à m'arrêter.

« J'ai appris depuis que plusieurs montèrent en effet au salon et s'emparèrent de quelques objets de peu de valeur. Mais bientôt, épouvantés de la gravité des charges qui s'élèveraient contre eux s'ils étaient surpris dans la maison, ils se hâtèrent de la quitter.

« Quant à moi, tu sais comment je poursuivis inutilement la petite fugitive. Elle disparut dans un taillis, à quelque distance de Gonac, et je dus renoncer à l'atteindre. Les premières lueurs du jour commençaient à se montrer ; il était temps de songer à ma sûreté. N'osant aller à la Croix-du-Pasteur, où tu m'attendais, je gagnai rapidement les cantons les plus retirés des montagnes voisines. »

La Saltarella resta un moment pensive.

— Pauvre petite ! dit-elle enfin avec un accent de profonde pitié, comme elle a dû souffrir !... Montès, votre haine contre cette famille n'a-t-elle donc pas été assouvie par tant de meurtres ?

— Pas encore.

— Mais que vous a fait cette timide

enfant pour que vous la persécutiez avec tant d'acharnement ?

— Elle est la fille de Fernand.

— Montès, ne soyez pas impitoyable... J'ignore quel traitement vous réservez à votre nièce ; mais ces préparatifs mystérieux, dans cette salle lugubre, me font frissonner...

— Folle ! il s'agit seulement d'une petite comédie, à la suite de laquelle, si le médecin du couvent a dit vrai, Antonia ne me gênera plus.

— Montès, j'aimais mieux encore votre redoutable exécution, la hache à la main, que cette sombre et lâche machination...

Croyez-moi, ne la poussez pas plus loin, car j'en ai le pressentiment, elle tournera mal.

— Oh! oh! la Saltarella, tu deviens pathétique, sur ma parole!

— Ne raillez pas, Montès ; jusqu'ici des crimes si monstrueux, si hardis sont restés sans punition ; mais prenez garde... on dit que Dieu envoie ainsi des avertissements à celui qu'il va frapper ; peut-être suis-je chargée de vous avertir que la vengeance est suspendue sur votre tête.

— Quelle vengeance? reprit Villaréal avec soupçon ; ah çà! ridicule prêcheuse, aurais-tu la pensée de me trahir?

— Non, oh! non, je vous le jure... Mais pensez-y, Montès... Dieu ne saurait-il vous punir d'une façon plus terrible encore que la justice humaine?

— Où diable as-tu été chercher toutes ces belles choses-là, ma chère? Certainement tu fréquentes les églises depuis peu, car le curé Norbert lui-même ne dirait pas mieux.

— Montès, en vous aimant, je suis devenue méchante et méprisable ; ne pensez pas à moi... Je ne sais ce qui doit arriver, mais je crains...

— Paix! interrompit Villaréal en prêtant l'oreille.

On entendit à quelque distance, dans la campagne, un sifflement aigu et prolongé.

— C'est Biroben, reprit Villaréal précipitamment, et à sa manière de siffler, je reconnais qu'il a réussi... Ma vengeance est sûre maintenant... La Saltarella, tu vas aller rejoindre ta fille; vous trouverez dans l'écurie des mulets déjà harnachés... Dans cinq minutes, il faut que vous ayez quitté la maison ; Biroben va vous suivre et vous irez tous m'attendre à la Croix-du-Pasteur.

— Nous vous obéirons, Montès, mais encore une fois, grâce ! grâce ! pour cette pauvre innocente !

— Que l'enfer t'écrase !

— Montès, je vous supplie...

— Malédiction sur ta tête ! Diablesse enragée, sauve-toi !

Et il la jeta hors de la salle.

IV

Le Châtiment de Dieu.

Villaréal se hâta de descendre dans la cour pendant que la Saltarella allait chercher sa fille. Biroben, sa cape ruisselante de pluie, attendait devant la porte avec une mule dont le cacolet était toujours soigneusement recouvert d'une draperie.

— Eh bien ? demanda Montès.

— Tout a réussi, répondit le bohémien en désignant le cacolet ; elle est là...

— Et elle n'a fait aucune résistance ?

— Aucune, c'est simple et doux comme un agneau... Elle m'a adressé quelques questions, mais j'ai répondu ce que j'ai voulu, et elle s'est laissée conduire sans difficulté.

— Fort bien... Et ma lettre ?

— Rosita a dû la jeter à la poste ce soir, après le coup... demain matin à son lever l'ingénieur la recevra.

— A merveille ; c'est plaisir de t'employer, Biroben !... Mais pour revenir à notre affaire principale, as-tu remarqué si la petite, en approchant de cette maison, donnait des signes d'agitation ?

— Pas le moins du monde... elle dort depuis plus d'une heure.

— Elle dort ? répliqua Montès avec étonnement ; ce sommeil n'est pas naturel !

— Eh ! eh ! on a peut-être aidé la nature.

— Que veux-tu dire ?

— Dame ! senor capitaine, on n'est pas pour rien médecin extraordinaire de l'empereur du Brésil... La jolie sauvage pouvait m'embarrasser beaucoup avec ses questions, m'échapper même, car autrefois elle était forte comme plusieurs hommes ; aussi lui ai-je fait boire, en sortant de Foix, un verre d'eau où j'avais jeté une toute petite pincée de poudre préparée par mon prédécesseur le Catalan de la vallée d'Arrans... Oh ! presque rien, de quoi l'étourdir légèrement.

— Eh mais, senor Bustamente, dit Montès en souriant avec ironie, vous prenez au sérieux votre nouvelle profession ! C'est une sage précaution ; mais si ce sommeil se prolongeait...

— Il cessera quand vous voudrez.

Et il s'avança vers le cacolet.

— Non, non, reprit Villaréal avec réflexion, il n'est pas temps encore, et il y a moyen de tirer parti de ce sommeil pour assurer le succès de mes plans.

— Alors que faut-il faire? demanda Biroben.

— Ne pourrais-tu transporter cette jeune fille, sans l'éveiller, jusqu'à la chambre que je te montrerai?

— Rien de plus facile... Je vais charger le cacolet et tout sur mes épaules.

—Hâte-toi donc, car nous devons nous préparer à quitter la maison au plus vite.

— Nous allons partir?... Mais alors senor capitaine, quand me donnerez-vous la voiture, les chevaux et les beaux habits dorés que vous m'avez promis?

— Quand nous aurons passé la frontière... De cette façon, je suis sûr que tu ne manqueras pas à nos conventions. Ne crains rien, tu seras content de moi malgré tes écarts de langue...

Biroben ne paraissait pas satisfait de cet arrangement et il marmotta quelques paroles de défiance. Cependant il détacha le cacolet, le plaça avec précaution sur son dos et entra dans la maison.

Villaréal reprit sa lanterne, et il allait suivre Biroben au premier étage, quand la

Saltarella toute effarée sortit de la salle basse.

— Quoi ! tu n'es pas encore prête à partir ? demanda-t-il avec colère.

— Montès, c'est que...

— Parle donc !

— Zerbine a disparu, et je ne sais plus où la retrouver.

— Elle a disparu ? C'est impossible.

— Elle a rompu un barreau rouillé de la fenêtre, et elle est sortie par l'ouverture.

Un blasphème s'échappa entre les dents serrées de Villaréal.

— Est-ce le moment de se livrer à ces espiégleries? dit-il avec rage. Maudites soient la mère et la fille!... Cherche cette coureuse indocile, ajouta-t-il d'un ton farouche; si dans quelques instants vous n'êtes pas hors d'ici, malheur à toi et à elle!

Puis il remonta rapidement l'escalier.

La pauvre Antonia resta plongée dans un profond sommeil pendant un temps dont il lui était impossible d'apprécier la durée. Elle en fut tirée par un bruit assez semblable à celui d'une porte qui se ferme; mais d'abord ses idées étaient vagues, ses sens engourdis, et elle ne pouvait se rendre compte nettement d'aucune impression.

Elle essaya enfin de recueillir ses souvenirs et de reconnaître où elle se trouvait. Sa fuite du couvent, son voyage avec un homme inconnu, lui revinrent à la mémoire ; entre ces évènements et le moment présent, il y avait une lacune inexplicable. La pièce où on l'avait transportée était sans lumière ; néanmoins la faible lueur de quelques étoiles, scintillant dans la déchirure des nuées, à la suite de l'orage, se glissait à travers les fenêtres et laissait entrevoir une chambre somptueusement meublée. Un morne silence régnait autour d'elle.

Il fallut encore un peu de temps à Antonia pour habituer ses yeux à l'obscurité ;

mais quand elle put remarquer tous ces détails, elle se leva brusquement comme par une secousse électrique ; ses membres tremblaient, ses cheveux se dressaient sur sa tête ; elle agita les bras pour repousser une vision... La malheureuse reconnaissait la chambre où elle était née, la chambre où elle couchait autrefois près de sa mère.

Cependant la réflexion parut aussitôt venir à son aide. Antonia, comprenant sans doute qu'elle pouvait être dupe de son imagination, s'avança vers une alcôve ; sa main rencontra des sculptures qui lui étaient connues, c'était le lit de madame de Villaréal. Un peu plus loin un objet blanc se faisait remarquer au milieu des ténèbres. Elle s'en approcha : c'était un berceau d'enfant dont les rideaux, rongés par l'humidité, pendaient en lambeaux. Son cœur battait à briser sa poitrine ; cependant elle eut la force de courir à la fenêtre, dont la forme cintrée l'avait frappée. Elle entrevit un vaste paysage, des forêts, des montagnes qu'elle avait parcourues bien des fois pendant son enfance.

Elle recula précipitamment ; sa raison déjà si ébranlée commençait à fléchir. Ne trouvant aucune explication naturelle à ce qui lui arrivait, son intelligence flottait dans le vague des hallucinations. Toutes ses facultés confondaient leurs perceptions ; la tête lui tournait.

— Ce n'est pas possible ! murmurait-elle faiblement; mon Dieu, ayez pitié de moi !

Une circonstance qu'elle n'avait pas remarquée jusque-là vint augmenter le désordre de ses idées. La porte du salon était entrebâillée et par l'ouverture filtrait un sillon lumineux. Antonia se souvint d'avoir vu déjà une disposition d'ombre et de lumière absolument semblable. Bientôt les deux époques se confondirent dans son esprit ; elle crut être encore à cette nuit sanglante que tant de choses autour d'elle lui rappelaient. Cependant sa raison résistait encore et elle se disait :

— J'ai vécu seule et abandonnée sur le Montcalm... j'ai appris à connaître Dieu au couvent de Sainte-Marie, et Valentin me protège... certainement je rêve !

Ses efforts l'eussent préservée d'un délire complet peut-être ; mais tout à coup des gémissements lamentables s'élèvent dans ce salon où brillent encore des lumières. Ces gémissements, Antonia les a aussi entendus une fois ; elle pâlit, elle s'appuie contre un meuble pour ne pas tomber. Ils retentissent de nouveau... Alors elle ne se connaît plus ; les yeux égarés, le visage baigné de sueur, elle s'élance vers la porte, elle la pousse entraînée par une force supérieure à sa volonté, et elle reste glacée d'épouvante.

Comment ne pas croire, en effet, à une infernale magie? La scène dont elle a été témoin dix ans auparavant se reproduit à ses yeux dans toute sa hideuse vérité. C'est la même salle, avec ses meubles en désordre, avec ses lumières éparses. Le silence de la mort a succédé aux cris de l'agonie. A la place où auraient dû se trouver deux cadavres, elle distingue sur le tapis des formes effrayantes dont son regard se détourne avec horreur. L'homme noir est là aussi, debout, compulsant des papiers. Il tourne le dos à Antonia, mais elle reconnaît sa rude et féroce silhouette... Bientôt il s'avance vers elle, il la regarde... Elle reconnaît ce visage noirci, ces yeux étincelants.

Sa raison cède enfin au prestige de cet effroyable tableau. Elle croit être encore au temps de son enfance; on vient d'assassiner sa mère, son père, ses frères; elle a entendu leurs cris de douleur, et voici leurs cadavres... Son tour à elle est venu; l'assassin se baisse pour ramasser la hache dégouttante de sang, il fait un pas vers Antonia, il lève son arme, il va frapper... Fuyons!

L'enfant éperdue a vu la porte du salon entr'ouverte; derrière cette porte est l'escalier obscur, puis la cour, puis la campagne où on l'a poursuivie vainement, puis l'air pur, la liberté... Au moment où le meurtrier est sur le point de l'atteindre, elle fait un bond, elle va sortir, et la terrible course d'autrefois va recommencer dans les ténèbres.

Mais tout à coup la chaîne funèbre des traditions se trouva interrompue. Un éclat de rire retentit à quelques pas ; au même instant une forme légère apparut dans le corridor et une main douce retint Antonia. Zerbine, revêtue d'une robe brodée en paillettes brillantes, le front ceint d'une guirlande de fleurs, les bras et les épaules nus avec des colliers et des bracelets de clinquant, entra dans la salle en s'écriant :

— *Demonio!* je savais bien qu'on ne m'empêcherait pas de voir cette belle chambre où les anciens bourgeois sont morts !... Mais, continua-t-elle en s'adressant à Montès, quelle idée avez-vous donc eu de vous noircir le visage ? Vous ressemblez ainsi au nègre que vous avez promis à Bustamente.

Personne ne répondit à ce babil ; la jeune bohémienne continuait d'examiner Antonia avec curiosité.

— C'est donc vous qui êtes la fille sauvage dont on parle tant ? reprit-elle ; je me suis cachée pour vous voir ; on m'avait dit que vous étiez jolie, mais je vous trouve bien maigre et bien pâle... Et moi, comment me trouvez-vous? J'ai une belle robe, n'est-ce pas? Et si vous saviez comme je chante, comme je danse!... Attendez, j'ai apporté mes castagnettes, vous allez en juger.

Elle glissa en effet ses doigts agiles entre les cordons des castagnettes ; puis, élevant les bras au-dessus de sa tête, elle fit entendre un claquement joyeux et cambra sa taille souple pour commencer le fandango.

Antonia était plongée dans une sorte de stupeur. La réalité et la vision se mêlaient pour elle. Cependant la diversion causée par l'arrivée de la jeune bohémienne, par sa gaîté, par ses allures vives, pouvait faire manquer l'effet de la sombre comédie. Déjà l'œil d'Antonia était moins égaré, sa poitrine moins oppressée; Montès sentit le danger.

— Zerbine, dit-il d'une voix sourde et menaçante, en saisissant la bohémienne par le bras, qu'êtes-vous venue faire ici malgré mes ordres? Sortez, sortez à l'instant!

— Ah! ah! répliqua la fière jeune fille avec ironie, vous pensiez me retenir prisonnière? Mais vous n'avez aucun droit sur moi... Je ne vous crains pas et je ne vous obéirai jamais... Laissez-moi danser.

Et les castagnettes résonnèrent encore. Montès serra à le briser le bras nu qu'il tenait.

— Méchante drôlesse, murmura-t-il en grinçant des dents, sors d'ici bien vite, ou sinon...

Il se fit dans Zerbine un changement rapide ; ses sourcils noirs se rapprochèrent sous sa guirlande de fleurs ; ses yeux lancèrent des éclairs. Elle se dégagea par une secousse rapide et revint sur Montès la main levée. Un cri partit derrière elle ; la Saltarella et Biroben entrèrent dans la salle. Leur vue sembla augmenter la fureur de Montès.

— Tout est perdu ! dit-il avec un accent de rage. Que venez-vous faire ici ? Pourquoi, vous aussi, m'avez-vous désobéi ? Par Satan ! vous vous en repentirez !

— Montès, dit la Saltarella toute tremblante, je cherchais ma fille... Je ne pouvais partir sans elle... Mais je n'eusse jamais osé entrer dans cette salle, si je n'avais entendu sa voix et la vôtre...

— Et moi, senor Montès, reprit Biroben d'un ton goguenard, j'ai réfléchi qu'il était plus prudent de ne pas vous quitter avant que nous ayons réglé ensemble nos petits comptes... Vos affaires sont finies, et je vous crois homme à oublier tout-à-fait les miennes ; voilà pourquoi je ne me soucie pas d'aller sans vous à la Croix-du-Pasteur... Et, en vérité, c'est ma bonne étoile qui m'a conduit ici. Je connais maintenant ce compagnon, au visage barbouillé de noir, qui vint se joindre à ma bande la nuit où nous nous arrêtâmes ici ; je sais comment s'appelait l'assassin de cette pauvre famille de Villaréal... Souvent j'ai eu des soupçons de la vérité, mais je n'osais y croire... Cette fois, il ne me reste plus de doutes !

Montès parut d'abord atterré et garda le silence,

— Que la foudre les consume ! reprit-il enfin avec une explosion de colère et en frappant du pied ; tout m'échappe à la fois, vengeance et fortune.. Brigand, continua-t-il en s'adressant au gitano, prétendrais-tu abuser de mes secrets ?

Biroben, comme on le sait, n'était pas doué d'un courage à toute épreuve :

— Je ne dis pas cela, maître, balbutia-t-il ; cependant, en raison des désagréments que cette affaire m'a causés, il faudrait trouver moyen... vous comprenez? Il faudrait me dédommager de ça !

— Et qui me dédommagera, moi, de mes efforts inutiles, de mes espérances renversées, de ma haine inassouvie ? s'écria Montès avec égarement; vous êtes des traîtres... Vous êtes venus pour épier mes actions... Eh bien, vous avez voulu me voir achever la grande tâche que j'ai commencée ici même il y a huit ans ; vous me verrez, vous me verrez ! et je serai assuré de votre silence, car vous paraîtrez encore mes complices !

Un couteau brilla dans une de ses mains ; de l'autre il voulut saisir Antonia, toujours immobile et muette comme une statue. Instinctivement Biroben et la Saltarella se jetèrent devant elle pour la protéger ; mais Villaréal attacha sur eux un regard si terrible qu'ils reculèrent épouvantés.

— Lâche coquin de gitano, dit-il à Biroben avec un accent rauque, oserais-tu t'opposer à ma volonté ?

— Non, non pas, senor capitaine, je voulais seulement vous engager à réfléchir un peu... et puis cela est contre nos conventions !... Mais si vous êtes bien décidé, je n'ai pas le droit...

Et Biroben s'inclina humblement.

— Et toi, femme imprudente, continua le redoutable Villaréal en s'adressant à la Saltarella, ne sais-tu pas que tu as dû toujours jusqu'ici à ta prompte et complète obéissance de ne pas être brisée, comme tout ce qui me gêne? Allons, hâte-toi de sortir avec ton audacieuse fille, si tu ne veux attirer sur vous deux ma colère !

— Ma fille, ma pauvre Zerbine ! s'écria

la Bohémienne ; oh ! je sais ce que valent vos menaces, Montès ; vous me la tueriez !

Elle entoura sa fille de ses bras et voulut l'entraîner hors de la salle ; mais Zerbine résista avec énergie. Pendant la courte lutte qui suivit entre elles, Antonia resta sans défense. Mais au moment de frapper, le forcené lui dit avec une affreuse ironie :

— Regarde-moi bien, Antonia de Villaréal, je ne me cache plus... Reviens à toi et tâche de bien comprendre mes paroles, car ma vengeance contre ton odieuse race ne serait pas complète si je te frappais sans être connu de toi... Je m'appelle Montès de Villaréal, je suis ton oncle ; ton seul parent, ton tuteur. C'est moi qui ai massacré autrefois dans cette salle ton père, ta mère, tes frères ; c'est moi qui t'ai blessée sur le Montcalm, c'est moi qui te tue en t'apprenant mon nom !

Et il allait frapper, mais quelqu'un lui retint le bras par derrière.

— Je ne veux pas, je la défendrai, disait-on ; *demonio !* ne la touche pas !

C'était Zerbine. Échappée des mains de la Saltarella, elle avait ramassé la lourde hache que Montès avait laissé tomber ; elle la brandissait d'un air menaçant qui contrastait avec sa beauté délicate, avec sa parure de gaze et de fleurs. Montès sourit avec mépris.

— Allons donc, belle amazone ! crois-tu pouvoir m'arrêter ?

Il leva de nouveau le bras.

— Tu le veux donc ? dit une voix saccadée.

Au même instant, la lourde hache s'abattit par derrière sur la tête de Villaréal. Le sang rejaillit au loin. Montès fit deux ou trois tours sur lui-même et alla tomber au milieu de la salle, à l'endroit même où son frère était tombé.

— La malheureuse ! s'écria la Saltarella, elle n'a pas menti à la race dont elle sort... elle a tué son père !

Et elle s'évanouit. Biroben était muet

de terreur. La jeune Bohémienne seule paraissait avoir conservé son calme farouche.

— Mon père! lui? dit-elle avec dégoût, j'aimerais mieux avoir pour père un ours de ces montagnes qu'un pareil monstre... Eh bien, *demonio!* je ne me repens pas!

Elle jeta sa hache et se retira à l'autre bout de la salle en murmurant :

— Quel malheur! son sang a taché ma jolie robe blanche!

Cependant, le misérable qui venait de recevoir enfin la punition de tant de crimes, respirait encore. Le crâne ouvert, il se tordait convulsivement sur le plancher.

Il eût même la force de prononcer quelques mots.

— Il n'y a pas de Dieu, murmurait-il; et cependant j'ai été frappé mortellement, avec cette hache; je suis tombé à cette place fatale, et c'est la main de ma fille qui a servi d'instrument... Il n'y a pas de Dieu! S'il y en a un, malédiction sur lui!..

Puis les sons devinrent inintelligibles; il agita encore les bras, et tout-à-coup il resta immobile... Il était mort.

Au moment où il rendait le dernier soupir, Antonia, éperdue, s'élança dans l'escalier sans pousser un cri, sans proférer une parole, et disparut.

Le lendemain, au jour, des laboureurs qui se rendaient à leurs travaux, trouvant ouvertes les portes de la Maison-Romaine, eurent la curiosité d'y pénétrer. Au milieu du salon était étendu le cadavre du dernier propriétaire, baigné dans son sang. Mais les auteurs du crime avaient pris la fuite sans laisser aucune trace.

V

Les derniers Adieux.

Valentin en quittant Foix, s'était dirigé vers le Montcalm. Il supposait, en effet, que la malheureuse Antonia avait dû se réfugier dans son ancienne demeure ; puis il n'était pas fâché de consulter sur les derniers évènements son oncle Norbert, qui s'était rendu à Suc, on doit s'en souvenir, pour tenter d'arracher des aveux à Giuseppe. En chemin, il s'informait des passants s'ils n'avaient pas rencontré une jeune fille insensée dont il faisait le portrait. Mais, bien que la plupart fussent en marche depuis le matin avant le jour, aucun d'eux n'avait rien vu. Valentin conclut qu'Antonia n'avait pas suivi la route ordinaire, si toutefois elle avait pris cette direction.

Dévoré d'inquiétude, il pressa tellement sa monture qu'il parcourut en quelques heures la distance assez considérable de Foix à Suc. Sans s'arrêter à l'auberge où il avait passé une nuit, lors de sa première visite au Montcalm, il se rendit au presbytère, où son oncle recevait l'hospitalité du curé du village. Il trouva les deux prêtres causant amicalement de théologie, à la suite d'un frugal déjeûner.

En voyant son neveu pâle, hors d'haleine, l'abbé Norbert prit à peine le temps de l'embrasser et lui adressa des questions pressantes. Valentin lui annonça en peu de mots la disparition d'Antonia.

— Qu'a donc fait cette famille, dit le curé avec tristesse, pour être ainsi frappée jusque dans son dernier rejeton? Tout se tourne contre elle, les choses et les hommes... Croirais-tu, mon garçon, que M. le curé de Suc (Valentin s'inclina poliment) et moi nous n'avons rien pu obtenir encore de cet opiniâtre Giuseppe ?

— Peu importent désormais, reprit Valentin, le silence ou les aveux de cet homme. Les droits d'Antonia ne sont plus contestés ; en voici la preuve.

Et il remit à son oncle la lettre qu'il avait reçue le matin même. Les deux prêtres l'examinèrent avec attention.

— Cet acte n'est pas absolument en forme authentique, reprit l'abbé Norbert, mais il n'engage pas moins le capitaine Montès de Villaréal. Plus tard nous aviserons aux moyens d'en tirer parti. Pour le moment il s'agit de retrouver Antonia.

— Oui, oui, mon oncle, il faut la retrouver. Je vais partir immédiatement pour le Montcalm.

— Tu penses donc qu'elle s'est réfugiée là ?

— Dieu le sait! mais j'espère.

— Vous ne pouvez faire seul ces pénibles recherches, dit le curé de Suc; permettez-moi de prévenir quelques gens du pays dont le courage et l'expérience me sont connus. Il serait sage aussi d'aller avertir Giuseppe de ce qui se passe.

— En effet, reprit l'abbé Norbert, Giuseppe m'a paru s'intéresser vivement à notre pauvre amie. Peut-être nous fournira-t-il quelque moyen de la retrouver.

Valentin n'attendait rien de cette démarche ; cependant il se rendit à l'avis de son oncle. Aucune instance ne put l'engager à prendre un peu de repos et de nourriture ; il se contenta de prier que l'on eût soin de son cheval ; puis, laissant le curé de Suc s'occuper de réunir ses paroissiens pour faire une battue sur le Montcalm, il sortit du presbytère avec l'abbé Norbert.

L'habitation de Giuseppe s'élevait à l'extrémité du village ; elle était vaste et annonçait l'aisance. Un des petits-fils du vieux pâtre introduisit les visiteurs dans une espèce de jardin ou d'enclos attenant à la maison et entouré de haies. Là, Giuseppe se chauffait au soleil, les yeux fixés vers la cime du mont.

— Je sais ce qui vous amène, messieurs, dit-il avec gravité ; un malheur est arrivé... La pauvre fille s'est enfuie pour reprendre sa vie sauvage !

Cette affirmation était si extraordinaire que l'oncle et le neveu, en dépit d'eux-mêmes, se montrèrent stupéfaits.

— Mais, au nom du ciel ! s'écria Valentin, comment pouvez-vous avoir connaissance d'un fait qui s'est passé loin d'ici, la nuit dernière, et dont j'apporte à Suc la première nouvelle ?

Giuseppe sourit d'un air de triomphe en regardant l'abbé Norbert.

— Monsieur le curé dit que ma science est un péché, répliqua-t-il, et je ne dois pas en être fier.

— Attendez, vieux sournois, reprit l'ecclésiastique ; pour cette fois je pense avoir le secret de votre sorcellerie. Je n'avais pas remarqué d'abord que le ciel est pur, l'air transparent, et que d'ici on découvre parfaitement le Montcalm. Or, avec une vue exercée comme la vôtre, il n'est pas tout à fait impossible de distinguer une créature humaine sur la montagne; surtout si vous êtes en observation depuis ce matin pour étudier les pronostics du temps comme de coutume.

La sagacité de cette observation parut déconcerter le vieillard.

— Serait-il possible? demanda Valentin impétueusement; brave homme, Antonia de Villaréal serait-elle déjà revenue au Montcalm?

— Elle est revenue, répondit Giuseppe d'un ton laconique.

— Mais alors elle doit être épuisée de fatigue par cette longue traite... Elle si faible, si souffrante!... elle doit avoir besoin de prompts secours... Je vais partir.

— Et vous attendez que je vous accompagne? Eh bien, je suis prêt.

Le berger prit son bâton ferré qui était près de lui et se leva. Mais au moment de se mettre en route, il resta tout à coup immobile et désigna aux deux Norbert un groupe de voyageurs qui venait de s'arrêter à quelque distance du village, sous un bouquet de lièges.

Ce groupe se composait de deux femmes et d'un homme; les femmes étaient assises dans des cacolets, sur le dos d'une mule; l'homme s'enveloppait d'un long manteau qui ne laissait voir que son chapeau pointu et ses yeux étincelants. Après s'être assuré que personne n'était à portée d'épier leurs actions, ils échangèrent quelques mots entre eux; puis une des femmes descendit de sa monture et s'avança vers la maison de Giuseppe. Les deux autres personnes restèrent à cheval; mais le voyageur s'arma d'une escopette, tandis que la femme faisait le guet sur le côté opposé du chemin.

Ces précautions bizarres étaient bien de nature à piquer la curiosité des hôtes de Giuseppe; cependant, Valentin se retourna avec impatience.

— Qu'avons-nous affaire à ces gens? dit-il; venez... nous perdons un temps précieux.

Mais Giuseppe ne bougea pas.

— C'est elle, murmurait-il avec émotion; c'est elle, j'en suis sûr... Attendez, jeune homme; que Notre-Dame d'Héas nous protège!.. Attendez!

Bientôt, l'étrangère parut à la porte du jardin avec l'enfant qui avait déjà introduit les deux Norbert. En reconnaissant que Giuseppe n'était pas seul, elle hésita et sembla vouloir revenir en arrière. Mais, faisant effort sur elle-même, elle continua d'avancer, en prenant soin de se cacher dans sa mantille. Quand elle fut à quelque pas, elle demanda d'une voix tremblante :

— Où est Giuseppe Esterle? est-ce bien Giuseppe Esterle, l'ancien fermier de Sentenac, que je revois?

Giuseppe la regarda fixement.

— Si je suis changé, Margarita, répondit-il avec amertume, tu l'es encore plus que moi... Les années, il est vrai, ont courbé ma taille et blanchi mes cheveux ; mais le temps a-t-il pu faire si vite une femme vieille et ridée de la plus jolie fille de nos montagnes ?

— Vous avez raison, maître, répliqua la voyageuse ; si j'ai commis des fautes, j'en ai été cruellement punie. Mais ce n'est ni de vous ni de moi qu'il s'agit... Giuseppe je vais quitter le pays ; d'ici à quelques heures j'aurai passé la frontière, et jamais plus vous n'entendrez parler de moi. Avant de m'éloigner ainsi pour toujours, j'ai voulu décharger ma conscience d'un fardeau qui lui pèse depuis bien des années... L'heure de la justice est arrivée; je vous dégage du serment que j'exigeai de vous le jour où j'allai chercher un refuge à la ferme après le crime épouvantable de la Maison-Romaine.

— La Maison-Romaine ! répéta l'abbé précipitamment.

— Que dit-elle? s'écria Valentin.

Ni Giuseppe ni l'inconnue ne remarquèrent cette interruption.

— Que s'est-il donc passé, pauvre Margarita? reprit le vieillard d'un ton d'intérêt; comment oses-tu maintenant t'élever contre le séducteur qui t'avait inspiré une obéissance si aveugle, un dévouement si complet?

— Maintenant, il n'a plus rien à craindre de personne... Merci, bon et généreux Giuseppe, de nous avoir si fidèlement gardé le secret, à lui et à moi. Je sais combien il devait coûter à votre probité d'être le confident d'un pareil crime et de ne pouvoir le révéler... Désormais vous agirez suivant votre volonté, et Dieu nous jugera tous!

— Oui, je parlerai, car depuis longtemps, ce secret trouble mon repos... Mais ne crains-tu rien pour toi-même, malheureuse Saltarella?

— La Saltarella! s'écrièrent Valentin et l'abbé Norbert.

La bohémienne les regarda avec curiosité.

— Vous êtes sans doute ces amis de la famille de Villaréal dont on m'a tant parlé, dit-elle enfin ; vous êtes les protecteurs de cette jeune fille dont le sort est si digne de pitié ! C'est surtout dans son intérêt que j'ai osé faire cette démarche malgré les dangers dont je suis entourée... Elle n'a plus d'ennemis à redouter ; rendez-lui son nom, son rang, sa fortune ; Giuseppe vous aidera de ses révélations... Puissiez-vous réussir !... Adieu !

Elle voulut s'éloigner ; Valentin la retint.

— Vous ne nous quitterez pas ainsi, dit-il rudement ; nous avons bien des choses à vous demander, et d'abord je vous adjure de m'avouer...

— Ne songez pas à moi, répliqua la gitana, occupez-vous plutôt de votre pupille, dont la raison a faibli de nouveau ; elle doit être errante dans le voisinage ; hâtez-vous de vous mettre à sa recherche.

Et elle fit un nouvel effort pour se dégager.

— Non, non, vous ne nous échapperez pas ; vous devez des aveux complets à la justice.

— La justice ! répéta la Saltarella avec égarement : oh ! si elle ne devait frapper que moi...

— Avec votre permission, messieurs, dit Giuseppe d'un ton ferme, ce serait mal de retenir cette femme qui vient ici remplir un devoir de conscience... Ni elle ni personne de sa bande n'a pris part au massacre de la Maison-Romaine ; je l'affirme devant Dieu... D'ailleurs, croyez-moi : dans l'intérêt même du nom de Villaréal, ne cherchez pas à appeler le grand jour sur le passé !

Un regard de la Saltarella remercia le

pâtre de cette intervention bienveillante.

— Je veux vous croire, Giuseppe, reprit l'abbé Norbert, et j'admettrai volontiers que la Saltarella est innocente ; mais les paroles que vous venez d'échanger doivent inspirer d'étranges soupçons. Puisque vous connaissez l'auteur du crime de la Maison-Romaine, il faut enfin nous apprendre son nom !

— Vous l'exigez?... Eh bien ! il s'appelait Montès de Villaréal !

L'oncle et le neveu poussèrent un cri d'horreur.

— Et j'ai pu me laisser prendre aux démonstrations hypocrites de cet abominable scélérat ! dit Valentin ; mais cette fois, il ne m'échappera pas... Je retrouverai ce tigre à face humaine, je lui ferai expier le sang versé.

— Il l'a expié, il l'a cruellement expié ! murmura la Saltarella.

— Cela n'est pas possible !... Il ne l'expiera que sur l'échafaud.

— Il est des morts plus affreuses encore que celle-là, dit la bohémienne avec effort, et Montès de Villaréal en est un exemple.

— Que dites-vous? Le misérable aurait-il échappé à la punition des hommes? n'existerait-il plus?

— La nuit dernière, il a été assassiné à la Maison-Romaine, dans cette même salle où il avait répandu le sang de son frère.

— Serait-il vrai? Et qui donc a été l'exécuteur de la vengeance divine?

— Zerbine, sa propre fille! répondit la Saltarella d'une voix vibrante.

Et elle s'enfuit pendant que les deux Norbert et Giuseppe restaient pétrifiés d'épouvante.

Une heure après une troupe nombreuse de chasseurs et de pâtres quittaient le village sous la conduite de Giuseppe et de l'abbé Norbert, pour tenter l'ascension du Montcalm. En apprenant la réapparition de la femme sauvage sur la montagne, la population entière s'était émue. La curiosité peut-être autant que le désir de faire une bonne action causait cet empressement général. Quoiqu'il en fût, Valentin n'avait pas eu la patience d'attendre que les habitants de Suc fussent prêts à le suivre. Prenant à la hâte quelques provisions, il s'était chaussé d'espartilles, et muni d'un bâton ferré; puis il avait sauté sur son cheval et il était parti en avant sans vouloir écouter aucune représentation.

On était alors au moment le plus chaud de la journée; les rayons du soleil, concentrés dans la vallée, rendaient l'atmosphère suffocante ; et le pauvre cheval, épuisé par la longue traite du matin à travers une contrée montagneuse, semblait devoir bientôt manquer de force et d'haleine. Mais son maître ne cessait de le frapper de son bâton ferré et il parcourut encore au galop la distance du village à la base du Montcalm. Là, Valentin mit pied à terre, confia le pauvre animal presque fourbu à des pâtres qui habitaient une petite bergerie isolée ; puis, seul et à pied, il se mit à gravir la montagne.

Cette fois du moins il ne craignait plus de s'égarer ; chaque précipice, chaque gibbosité du Montcalm lui était maintenant familière. D'ailleurs le pic, complètement dégagé de nuages, se détachait nettement sur un ciel d'azur, et le soleil ruisselait sur ses glaciers, sur ses flancs arides, sur les tapis sombres de verdure et de feuillage qui revêtaient ses gradins inférieurs. Cependant Valentin ne voulut pas s'engager dans la sapinière où tant d'obstacles pouvaient retarder sa marche. Selon toute probabilité, la jeune fille s'était retirée au Puits-d'Enfer, dans la petite grotte, son ancienne demeure; c'était donc là qu'il s'agissait d'arriver par le chemin le plus direct et le plus facile; or, le chemin le plus direct et le plus facile était le passage souterrain dont Valentin avait dû la connaissance à un loup blessé; il marcha en droite ligne vers ce passage.

A mesure qu'il montait, une température plus douce succédait à la chaleur étouffante de la plaine, mais il ne s'en apercevait pas. Toujours occupé de la même pensée, il s'arrêtait de temps en temps pour regarder autour de lui. Ne se pouvait-il pas, en effet, que la jeune fille, à la suite de sa course nocturne, fût tombée épuisée dans quelque lieu solitaire avant d'arriver à la grotte? Plusieurs fois même, non content de scruter les halliers et les ravins, il appela de toute sa force. Mais rien ne répondit que l'écho sourd de la forêt. Il atteignit ainsi la muraille de rochers qui formait l'enceinte du Puits-d'Enfer, sans avoir découvert aucune trace de la fugitive, et il commençait à douter du succès de ses recherches, quand une circonstance particulière attira son attention.

Il se trouvait en ce moment sur une espèce de petit plateau où les plantes alpestres formaient un épais gazon. Les herbes froissées dans un sillon parallèle, attestaient le passage récent d'une créature humaine; vers le centre, à l'ombre d'un rhododendron, elles étaient foulées circulairement, comme si l'on se fût reposé en cet endroit. Valentin se pencha sur cette place, humide encore de la rosée matinale ; un bout de ruban était caché dans une touffe de fraisiers sauvages. Ce ruban il l'avait vu la veille dans les cheveux

d'Antonia. Antonia était donc venue là !
C'était donc elle qui était tombée haletante et brisée au pied de ces arbrisseaux !
Le jeune homme suivait cette trace avec
l'attention d'un peau-rouge étudiant la
piste d'un ennemi dans les savanes. Convaincu, d'après la direction des pas, que
l'enfant avait dû se rendre au Puits-d'Enfer, il reprit sa marche et se hâta de gagner la galerie souterraine. Après l'avoir
traversée, il s'engagea dans la sapinière.
Là, au milieu des ronces et des broussailles, il trouva encore un lambeau d'étoffe
blanche qu'il reconnut pour appartenir à
la robe de la jeune fille. Une larme mouilla
sa paupière, mais il ne s'arrêta plus ; ces
signes de détresse lui disaient combien il

devait se presser d'arriver. Aussi, franchit-il avec ardeur les derniers obstacles et il atteignit enfin le Puits-d'Enfer.

L'aspect de ce lieu, autrefois si beau, était bien changé. Les avalanches des hivers précédents avaient tout frappé de stérilité et de mort. Le vallon était encombré de pierres et de gravier qu'elles avaient apportées ; les rochers, retournés sur leurs cimes, présentaient à l'œil leurs flancs fauves et arides. Le joli bassin avait été comblé à moitié ; ce n'était plus qu'une espèce de ravine où tournoyaient en écumant les eaux du torrent. Les sapins rompus, déracinés, renversés à l'entour, complétaient ce tableau de dévastation.

Valentin regarda distraitement ces ravages et il s'empressa de chercher la grotte qui avait servi si longtemps de demeure à Antonia. Elle était encore masquée par de grosses roches amoncelées au hasard. On l'entrevoyait, à travers ce chaos, comme un trou noir et abrupte. Au moment d'avancer, l'ingénieur sentit la nécessité de quelques précautions. En reprenant sa vie sauvage, Antonia ne pouvait-elle avoir repris aussi cette humeur insociable qui autrefois lui rendait odieuse la présence de ses semblables? Au premier bruit ne chercherait-elle pas à fuir, ne se livrerait-elle pas à quelque acte de désespoir? Frappé de cette idée, Valentin s'avisa d'un expédient que lui avait suggéré autrefois

Giuseppe dans un cas à peu près semblable. Elevant la voix doucement, il se mit à chanter la naïve chansonnette basque des *Petits Oiseaux d'hiver*.

Après le premier couplet, il se tut et prêta l'oreille. Des accents humains faibles et plaintifs se firent entendre malgré le fracas de la cascade. Ne pouvant plus contenir son inquiétude, Valentin escalada rapidement les pierres qui obstruaient le passage, et il se trouva enfin devant la grotte.

Antonia était là en effet, étendue sur le sol rocailleux, presque inanimée. Elle n'avait plus d'autre coiffure que ses cheveux flottants. Ses vêtements en lambeaux dégouttaieut encore de l'eau glacée du gave. Ses pieds déchirés par les ronces étaient souillés de sang.

La pauvre enfant, en entendant Valentin, semblait avoir fait un effort pour se traîner jusqu'à lui ; mais la force avait trahi sa volonté. Cependant, à la vue de Norbert, elle se souleva péniblement sur le coude, et un sourire céleste effleura ses lèvres bleuâtres.

— C'est la Providence qui vous envoie ! murmura-t-elle avec un accent d'indicible joie.

Le jeune homme s'attendait à une explosion de sentiments désordonnés. Il fut presque épouvanté de ce calme apparent.

— Ma chère Marie, mon ange gardien, ma vie, dit-il en s'agenouillant près d'elle, pourquoi avoir quitté le couvent? Pourquoi être revenue, malgré votre promesse, dans ces affreuses solitudes? Que s'est-il passé?... Dieu du ciel! dans quel état je vous retrouve !

Antonia laissa aller sa tête sur l'épaule de Valentin.

— Vous le voyez, mon ami, répliqua-t-elle d'une voix brisée, le désert, qui autrefois n'avait pas de rigueurs pour moi, m'a cruellement maltraitée aujourd'hui... C'est ma punition d'avoir consenti à me rapprocher des hommes... Mais s'il ne m'est plus possible de vivre dans ce triste lieu, il me sera du moins permis d'y mourir !

— Mourir ! répéta Valentin en pressant contre ses lèvres les mains inertes de la pauvre fille ; oh ! non, non, Marie, vous ne pouvez pas, vous ne devez pas mourir en ce moment... Du courage ! on va venir à notre secours. Vous vous rétablirez promptement. Marie, votre temps d'épreuves est passé, vos malheurs sont finis... Vous vivrez pour jouir de tous les avantages, de toutes les joies, de toutes les grandeurs de la vie civilisée ! Ce nom de Marie n'est pas le vôtre... L'indigne parent qui, après avoir été le bourreau de votre famille, vous avait condamnée à la souffrance et à l'abandon, vient de recevoir la punition de ses crimes ; mais auparavant, il avait pu vous rendre justice... Désormais, vous aurez tout ce qui donne le bonheur parmi les hommes, richesse, considération, beauté, jeunesse, affection dévouée de vos amis.

Antonia l'interrompit par un sourire amer.

— Qu'ai-je besoin de tout cela ? dit-elle, que me fait ce monde ennemi et ses présents, et son estime ? Je ne veux rien de lui, car je le hais et le méprise.. Ce que j'ai vu et entendu pendant l'effroyable nuit qui vient de s'écouler m'a inspiré la plus profonde horreur contre l'humanité entière ; en y pensant, mes cheveux se dressent sur ma tête et le vertige revient...

Elle se tut un moment et sembla se recueillir.

— Oui, continua-t-elle d'un ton sombre, mes instants sont comptés, je le sens; mais fussé-je libre de prolonger ma vie pendant de longues années encore, je ne voudrais pas pour tous les biens de la terre passer une heure de plus au milieu de cette espèce méchante à laquelle j'ai honte d'appartenir...

— Marie, dit Valentin avec un accent de douloureux reproche, cette haine pour tous n'est-elle pas une injustice ?

— Non, Valentin, car les bons comme vous sont de rares exceptions parmi les autres... J'avais jugé de l'humanité d'après vous quand je consentis à quitter la vie sauvage ; comme je m'étais trompée !

— Eh bien, Marie, ne consentirez-vous pas à vivre pour moi ?... moi qui ai placé en vous mes espérances d'avenir, moi dont vous occupez la pensée dès ma plus tendre enfance, moi qui vous aime enfin.. Oh ! si vous saviez combien je vous aime !

Antonia le regarda avec une expression angélique.

— Valentin, croyez-vous donc que je ne vous aime pas aussi ? Pour vous, pour vous seul, je me suis décidée à fuir ; j'ai manqué à ma parole. Mais on me disait que vous n'auriez jamais ni repos ni bonheur près de moi !

— Honte sur ceux qui vous ont fait cet absurde mensonge !

— Ne les maudissez pas ; car ils m'ont appris aussi que nous serions pour toujours réunis dans le ciel... et voilà pourquoi je veux mourir !

Pendant cette conversation, la jeune fille s'affaiblissait rapidement ; une teinte livide se répandait déjà sur son visage. Tout à coup elle tressaillit et donna des signes d'inquiétude ; un bruit de pas s'était fait entendre dans l'éloignement.

— Des hommes ! murmura-t-elle avec un accent de dégoût, encore des hommes !

Et elle essaya de détourner la tête ; une ombre parut à l'entrée de la grotte.

— Ma fille, demanda la voix connue du venérable abbé Norbert, enveloppez-vous donc dans une commune aversion vos amis et vos ennemis ?

Antonia éleva languissamment vers lui sa main meurtrie.

— Non, mon père, murmura-t-elle : vous et lui (elle montrait Valentin à genoux, écrasé sous le poids de la douleur), vous êtes tout ce que j'ai trouvé de bon, de noble, de généreux sur la terre ; votre présence, à l'un et à l'autre, adoucira mes derniers instants !

Le prêtre balbutia quelques paroles d'espérance, mais il avait jugé d'un coup d'œil le danger imminent.

— Mon cher Valentin, dit-il à son neveu, Antonia doit se préparer à paraître devant Dieu... Va rejoindre les braves gens qui nous attendent à quelques pas d'ici ; je te rappellerai quand il sera temps.

Valentin entoura de ses bras mademoiselle de Villaréal et la pressa contre sa poitrine :

— Non, non, Antonia, s'écria-t-il avec un accent déchirant, on ne nous séparera pas... Je mourrai si tu meurs !

— Courage ! dit la jeune fille avec résignation, tu appartiens aux hommes : il faut remplir les devoirs qu'ils t'imposent ; moi, j'appartiens à Dieu et je retourne à lui... Nous nous reverrons dans un monde meilleur… Adieu ! n'oublie pas la pauvre solitaire du Montcalm !

Valentin refusait de s'éloigner ; son oncle eut besoin d'employer toute son autorité pour le décider à aller rejoindre les montagnards au pied de la cascade. Ceux-ci voulurent le presser de questions, mais il leur imposa silence par un geste solennel ; puis, s'asseyant sur un rocher, il cacha son visage dans ses mains.

Une demi-heure s'écoula. Le jeune ingénieur n'avait pas fait un mouvement ; seulement des sanglots s'échappaient par intervalles entre ses doigts crispés. Les assistants, sans bien se rendre compte de ce qui se passait, n'osaient s'interroger ; drapés dans leur capes de diverses couleurs, ils formaient des groupes silencieux. En avant des autres, Giuseppe, appuyé sur son bâton, regardait tristement du côté de la grotte. A sa longue barbe blanche, à sa taille voutée, on l'eût pris pour le père Aubry de ce désert. Le soleil se jouait encore en aigrettes dorées au sommet des pics, mais l'obscurité se rembrunissait déjà dans le fond de l'abîme, et l'écume du gave devenait d'un blanc d'argent sur le fond bistre des rochers. Des oiseaux nocturnes commençaient à sillonner le ciel, et jetaient à la brise du soir un cri lugubre qui se confondait avec le bruit de la cataracte.

Tout à coup l'abbé Norbert reparut à

l'entrée de la grotte ; sa démarche était lente, abattue ; deux grosses larmes roulaient sur ses joues ridées. Il tenait à la main un petit crucifix d'argent, qui ne le quittait jamais ; il s'agenouilla sur une pierre, en disant d'une voix profondément altérée :

— Mes frères, priez pour Antonia de Villaréal, que vous appeliez la fille sauvage du Montcalm... Elle vient de rendre son âme à Dieu, comme une chrétienne pieuse et résignée, en pardonnant à ses ennemis !

— Elle est morte ! s'écria Valentin avec un inexprimable désespoir.

Il entrevit dans l'ombre de la grotte une

forme blanche, couchée sur le roc nu, il allait s'élancer; son oncle le retint fortement par la main.

— A genoux ! lui dit-il avec autorité.

Le jeune homme se laissa tomber presque évanoui, le visage contre terre. Alors le vieux prêtre, récita la prière des morts. Les montagnards, tête nue, leurs chapelets de bois à la main, répondaient avec ferveur et respect. Cette scène pieuse, au milieu d'une nature sauvage, au fond d'un abîme inhospitalier, formait la digne conclusion d'une existence passée presque entièrement dans la solitude.

. . . .

. . . .

—

Antonia, à ses derniers moments, avait exprimé à l'abbé Norbert le vœu d'être enterrée dans sa grotte du Puits-d'Enfer.

Ce vœu, où se manifestait encore la misanthropie de cette créature singulière, fut exaucé.

Chaque année, un homme d'aspect élégant vient, pendant la saison d'été, visiter les parties les plus inaccessibles du Montcalm. Il est armé d'une carabine et paraît n'avoir d'autre but dans cette excursion que la chasse à l'isard ; mais après avoir passé vingt-quatre heures sur la montagne, il retourne à la ville sans emporter aucune pièce de gibier.

Ce chasseur est Valentin Norbert, qui s'est fait un grand nom dans les sciences. Seul, il connaît aujourd'hui l'endroit où est ensevelie la malheureuse Antonia, les avalanches et les tempêtes ayant changé la disposition des lieux, comme il arrive souvent sur ces hauteurs. Tout entier absorbé par l'étude, il reste isolé au milieu d'un monde, qui le comble pourtant de biens et d'honneurs.

FIN.

Imp. de E. Dépée, à Sceaux (Seine)

POUR PARAITRE PROCHAINEMENT.

L'ÉVASION
DU
GRAND MONDE

PAR

M. DE SAINT-GEORGES.

Imprimerie de E. Dupré, à Sceaux. — Seine.

www.ingramcontent.com/pod-product-compliance
Lightning Source LLC
Chambersburg PA
CBHW071259160426
43196CB00009B/1353